GEBIRGS-UIBERSICHTSKARTE

der

A.P. KAISER FERDINANDS NORDBAHN

von

WIEN BIS BRÜNN

und der

k.k. nördlichen Staatseisenbahn

von

BRÜNN-PRAG, OLLMÜTZ-TRÜBAU

verfaſst u. herausgegeben von

ANSELM MINARZIK,

k.k. Ingenieur decorirt mit dem herzoglich parmaischen St. Ludwigs-Orden, Inhaber der goldenen oesterreichischen und sächsischen Medaille.

Nord

Süd

ang: 1851. been: 1854. 1″ = 1000 Wiener Klf.

Lith. Anst. v. J. Rauh in Wien.

Tuschel / Székely · Im Zug der Zeit

Manfred Tuschel – Csaba Székely

Im Zug der Zeit

150 Jahre Eisenbahngeschichte
Kaiser-Ferdinands-Nordbahn

ÖBV

Österreichischer Bundesverlag · Wien

Dieses Buch ist ein Österreich-Thema aus dem Bundesverlag: Teil einer Bibliothek, in der in vielen Facetten und Aspekten ein Bild Österreichs entworfen wird, wie es war und wie es ist – in Geschichte, Politik und Wirtschaft, in Kunst, Kultur und Wissenschaft; Schicksale und Geschicke eines Landes und einzelner Persönlichkeiten von den Anfängen dieses Landes bis heute.

Satz: Times 10/11 Punkt
Gedruckt auf holzfrei Gardapat 115 g
Druck: Wiener Verlag, Himberg
ISBN 3-215-**06064**-7

Inhalt

Am Anfang war das Pferd 7
Von Rußland bis zum Mittelmeer 15
„'s wird sich ja eh net lang halten . . ." 20
Auf dem Weg zum „ausschließlichen Privileg" 25
Würden Sie Bahnaktien kaufen? 31
Österreichische Qualität nicht gefragt 36
„Austria" – made in England 41
Gaudium zum Nulltarif 47
Der erste „Eisenbahn-Hof" in Wien 53
Mordbahn statt Nordbahn 64
Die Wonne, mit der Eisenbahn zu reisen 69
In Leipnik blieb man stecken 77
Der Staat macht sich stark 82
„Der Freiheit eine Gasse!" 87
Endstation Krakau 91
Verhängnisvolles Geheimprotokoll 96
„Die Locomotive als Bundesgenosse des Krieges" 102
KFNB – Kein Fleisch, Nur Brot? 106
Verstaatlichen oder nicht, das ist die Frage 115
Kältewelle erhitzt Gemüter 119
Dem Ende entgegen: Die Züge werden langsamer 122
„Der Rest ist Österreich" 126
Den Anschluß leider nicht verpaßt 133
Auf Trümmern in eine verkehrte Welt 137
Das Ende einer Verschubfahrt 142
Floridsdorf – Deutsch Wagram: Die zweite Premiere 153
Rückwärts in die letzte Station 166

Anmerkungen 174
Bildnachweis 176
Literaturverzeichnis 177
Personenregister 179

Am Anfang war das Pferd

Zu Beginn der österreichischen Eisenbahngeschichte ging es auf den Schienen noch tierisch zu, und der Begriff „Pferdestärken" war durchaus wörtlich zu nehmen, ehe Mister Stephenson dann das „Dampfroß" populär machte. Die Rede ist von der Pferdeeisenbahn. Und in Sachen „Hufe auf Schienen" konnten die Österreicher durchaus mitreden, waren sie doch unter den ersten, die sich mit dieser Idee auseinandersetzten. Eine österreichische Erfindung ist die Pferdebahn allerdings nicht; hier hatten die Engländer die Nase vorne. Sie eröffneten ihre erste Linie immerhin schon im Jahr 1794 in Südwales, und zwar auf der Strecke Cardiff – Merthyr – Tydvill. Auf dem Kontinent aber konnten die Österreicher den Ruhm für sich in Anspruch nehmen, die erste „Holz- und Eisenbahn", wie man sie damals nannte, errichtet zu haben.

Die Wiege der österreichischen Pferdeeisenbahnen stand an der Donau, genauer gesagt an der durch einen Kanal geplanten Verbindung zwischen Donau und Moldau. Die Idee, die dahintersteckte, war leicht einzusehen: Auf diese Weise sollten Ostsee und Schwarzes Meer miteinander verbunden werden. Noch schwerer aber wog die Tatsache, daß man dadurch einen besseren Verkehrsweg zwischen Böhmen und Oberösterreich erschließen konnte. Denn die bis dahin bevorzugte Handelsstraße war alles andere als einladend, wenn man den zeitgenössischen Berichten Glauben schenken darf: „Die Straße, auf welcher sich die Salztransporte bewegten, hieß der ‚goldene Steig', derselbe war weit und breit bekannt und es charakterisiert uns die Gegend und versetzt uns in den echten amerikanischen Hinterwald, wenn wir dort aus dem Mund alter Leute, die noch selbst den Steig gesehen haben, vernehmen, daß die seltsame Straße fast durchwegs auf behauenen Bäumen und Knüppeldämmen durch die sumpfigen Täler geführt werden mußte; sonst suchten sie, wie die Römerstraßen im alten

Deutschland, die trockenen Höhen auf. Bei Einbruch der Nacht wurde an gewissen Punkten die Glocke geläutet, um den etwa im Wald Verirrten ein Zeichen zu geben, oder den Ermüdeten die ermutigende Nähe der willkommenen Ruhestätte zu verkünden."[1]

Der Plan, zwischen Donau und Moldau eine Wasserstraße zu schaffen, war keineswegs neu; er läßt sich bis ins 14. Jahrhundert zurückverfolgen. Aber von der Idee bis zu ihrer Verwirklichung ist es bekanntlich ein langer Weg – das gilt besonders in Österreich. So scheint es weiter nicht verwunderlich, daß man bis zum Beginn des 19. Jahrhunderts noch keinen Schritt weitergekommen war. Dann aber ging es Schlag auf Schlag: Im August 1807 wurde in Böhmen die Hydrotechnische Gesellschaft gegründet, deren Aufgabe darin bestand, die längst überfällige Donau-Moldau-Verbindung zu projektieren. Zum Vorsitzenden dieses Kollegiums wurde ein bedeutender

Franz Josef Ritter von Gerstner: Setzte bei der Eisenbahn aufs Pferd

Wissenschaftler, der Direktor und Professor der höheren Mathematik und Mechanik am Polytechnischen Institut in Prag, Franz Josef Ritter von Gerstner, bestellt.

Die gelehrten Herren machten sich sogleich an die Arbeit. Schon am Silvesterabend des Jahres 1807 konnten sie die Ergebnisse ihrer Untersuchungen – gleichsam als Mitternachtseinlage – präsentieren. Diese sahen allerdings ganz anders aus, als man eigentlich erwartet hatte. Für die Anlage des Kanals wären an die 290 Schleusen notwendig gewesen, die sowohl die Baukosten unverhältnismäßig in die Höhe getrieben als auch die Transportdauer gegenüber dem Landweg beträchtlich verlängert hätten, um vier bis fünf Tage.

Aus einem Donau-Moldau-Kanal wurde also nichts. Dafür trat Gerstner mit der Idee einer Eisenbahn auf den Plan, die die oberösterreichischen mit den böhmischen Landen verbinden sollte. Dieser Vorschlag wurde zwar, wie es hieß, mit „lebhaftem Beifall" aufgenommen, es geschah aber vorerst nichts. Das hatte seine Ursache darin, daß in jenen Jahren Napoleon recht heftig von sich reden machte und es wohl kaum einen Staat in Europa gab, der vom Expansionsdrang des großen kleinen Korsen verschont geblieben wäre. Österreich hatte sich damals täglich mit anderen Dingen herumzuschlagen. Auch die Finanzlage war nicht danach, gleichzeitig Kriege zu führen und Eisenbahnen zu bauen.

Gerstners Pläne verschwanden also zunächst einmal in den Schreibtischen. Auswirkungen zeigten sich nur in sehr beschränktem Rahmen, etwa in der gut fünfeinhalb Kilometer langen Eisenerzer Bergwerksbahn, die der steiermärkische Eisenwerksdirektor Sybold 1809 anlegen ließ.

Erst als sich in Europa nach dem Wiener Kongreß die Aufregung der vergangenen Jahre gelegt hatte und der Staatssäckel wieder praller wurde, befaßte man sich näher mit den Gerstnerschen Untersuchungen. Und siehe da, auch die Vereinigte Hofkanzlei, die oberste politische Behörde jener Zeit, machte sich für das Eisenbahnprojekt stark. Daß es vernünftiger war, statt einer künstlichen Wasserstraße eine Eisenbahn zu bauen, kann man auch in unseren Tagen nachvollziehen: Am Rhein-Main-Donau-Kanal wird man wohl ewig herummurksen. Es sei denn, unsere Kindeskinder stellen den Bau ein.

Die Ausführung wurde Gerstners Sohn Franz Anton übertragen, der als Professor am neugegründeten Wiener Polytechnikum tätig war. Gerstner junior begann die ihm übertragene Aufgabe in aller Gründlichkeit mit einer Studienreise nach England. Dort wollte er sich umsehen und Anregungen für seine Bahn mit nach Hause nehmen. Nach eingehenden Studien, und versehen mit Ezzes seiner englischen Kollegen, kehrte Gerstner nach Wien zurück. Im Dezember 1823 beantragte er die Konzession zur Errichtung einer Bahn zwischen Budweis und Mauthausen.

Während die amtlichen Mühlen mahlten, blieb Gerstner nicht untätig. Er hatte erkannt, daß es für ein so bedeutendes und vollkommen neues Unternehmen wie die Eisenbahn notwendig war, kräftig die Werbetrommel zu rühren; einerseits, um Sinn und Zweck des gesamten Unterfangens aufzuzeigen, andererseits, um Gegnern und Zweiflern zuvorzukommen und ihren Angriffen die Spitze zu nehmen. Gerstner leitete seine Informationskampagne mit einer Flugschrift ein, in der er die Vorteile und die Bedeutung des neuen Verkehrsmittels darlegte.

Damit aber noch nicht genug. Um die Neugier der staunenden Öffentlichkeit zu befriedigen, ließ er im Wiener Prater eine 230 Meter lange Versuchsbahn im Originalmaßstab errichten. Mehrere Wochen hindurch zogen nun zum großen Gaudium der Wiener zwei Pferde hölzerne Wagen mit schmiedeeisernen Rädern auf den Geleisen. Gerstner wollte dem Spektakel natürlich auch etwas Nützliches abgewinnen. Er verwendete Schienen aus verschiedenen Materialien – nämlich aus Holz, aus Schmiede- und aus Gußeisen –, um das Fahrverhalten zu testen.

Die Probefahrten brachten, wie Gerstner selbst anmerkte, einen „von jedermann mit vieler Bewunderung beobachteten Erfolg“.[2] Die Werbeaktion hatte sich bezahlt gemacht, denn schon am 7. September 1824 hielt er die Privilegiums-Urkunde in Händen, die allein ihn berechtigte, eine „Holz- und Eisenbahn“ zwischen Budweis und Mauthausen zu errichten. Die Baubewilligung war also da, Geld aber fehlte; das wollte der Staat doch nicht bereitstellen. Gerstner mußte sich also auf die Suche nach finanzkräftigen Partnern begeben, die das für den Bau benötigte Geld auftreiben sollten. Er fand sie auch bald in den drei Bankiers Freiherr von Geymüller, Baron Sina und Johann Mayer, seines Zeichens Chef des Handelshauses Stametz

Privilegiums-Urkunde aus dem Jahre 1824 für die erste „Holz- und Eisenbahn“

& Co. Diese Herren gründeten die „k. k. Privilegierte Erste Österreichische Eisenbahngesellschaft“, an die Gerstner sein Privileg abtrat. Er selbst wurde von der eben neu ins Geschäftsleben getretenen Gesellschaft zum Bauführer bestellt und tat etwas, was man heute in der Glanzzeit der Ämterkumulierer wohl nur mit Kopfschütteln zur Kenntnis nehmen würde: Er legte seine Professur am Wiener Polytechnikum nieder, um sich voll und ganz dem Unternehmen widmen zu können.

Die „Erste Österreichische Eisenbahngesellschaft“ beeilte sich nun, das für den Bahnbau notwendige Kapital zu beschaffen. So wurden Aktien aufgelegt, das Stück zu 1000 Gulden.

Diese Eisenbahnaktien waren ein überwältigender Erfolg; schon nach mehreren Tagen waren mehr Aktien ausgegeben, als für die veranschlagten Baukosten nötig gewesen wären: Der Verkauf ergab eine Summe von 800.000 Gulden.

So rasch die bürokratischen und finanziellen Hindernisse überwunden worden waren, so langsam kam nun der eigentliche Bau ins Rollen. Dabei war Zeit gerade in diesem Fall nicht nur Geld. Die Konzessionsurkunde schrieb nämlich vor, daß binnen eines Jahres mindestens eine Meile, nach Ablauf von sechs Jahren aber die gesamte Strecke vollendet sein müsse, da sonst das Privileg als verfallen anzusehen sei.

Die Schwierigkeiten, die sich Gerstner nun in den Weg stellten, waren mannigfacher Natur. Grundablösen gingen nur schleppend vor sich, da sich vor allem die Grundeigentümer als Eisenbahngegner entpuppten. Sie hatten erkannt, daß der Bahnbau ihre Grundstücke zerstückeln würde, daß neue Verbindungswege notwendig werden würden und daß aus der ganzen Sache reichlich Geld zu schlagen sei. So mußte man nicht nur für beträchtliche Summen Grundstücksteile ablösen, sondern auch zerstörte Wege wiederherstellen oder gänzlich neue Zufahrtsstraßen anlegen.

Auch Fuhrleute und Wirte zeigten sich von der Bahn nicht gerade begeistert. Sie sahen ihre Einkünfte schwinden und sich selbst schon im Armenhaus. Die Gegnerschaft ging so weit, daß Gerstner und seine Ingenieure mehr als einmal mit dem Tod bedroht wurden.

Als dann tatsächlich mit den Arbeiten begonnen wurde, fanden die Schwierigkeiten noch immer kein Ende. Man muß ja bedenken, daß es damals keine Unternehmer gab, die Erfahrung mit Eisenbahnbauten aufweisen konnten. Sie hatten bisher nur einfache Staubstraßen angelegt und wagten sich nicht an diese neue Herausforderung. Einige zweifelten wohl auch an der Seriosität des ganzen Unterfangens und wollten sich nicht in ein so kostspieliges Abenteuer stürzen. Wenn die ganze Sache nicht klappte, wer garantierte ihnen dann, daß ihre Rechnungen bezahlt würden? So blieb Gerstner nichts anderes übrig, als die Arbeiten mit ungeschulten Leuten, meist gedungenen Taglöhnern, zu beginnen. Erst nach einigen Monaten fanden sich endlich Bauunternehmer, die zur Übernahme der einzelnen Baulose bereit waren. Zur Aufsicht mußte das Militär herhalten, nämlich „58 beim früheren Burgthorbau herangereifte k. k. Pioniere unter dem Befehl eines Oberlieutenants".[3]

Schneemassen stoppten im Winter 1826/27 den Baufortschritt. Gerstner nützte die Zeit abermals für eine Reise nach England. Dort war inzwischen Stephensons Lokomotiveisenbahn auf der Strecke Stockton – Darlington in Betrieb gegangen. Gerstner wurde dadurch immer mehr in seinem Vorhaben bestärkt, auch zwischen Budweis und Mauthausen Dampfbetrieb einzurichten. Insgeheim hatte er schon immer mit diesem Gedanken gespielt. Deshalb waren ja nur Steigungsverhältnisse und Krümmungsradien gewählt worden, die seiner Meinung nach auch von Dampflokomotiven ohne Schwierigkeiten bewältigt werden konnten. Das hatte die Kosten zwar gewaltig in die Höhe getrieben, aber Gerstner meinte für die Zukunft zu bauen, was ihm nun zum Verhängnis werden sollte. Je weiter die Bauarbeiten fortschritten, desto größer wurde das Loch in den Kassen der Bahnbauer. Mathias von Schönerer, einer von Gerstners Ingenieuren, erkannte, daß ein finanzielles Desaster nur dann abzuwenden war, wenn der Plan einer Lokomotiveisenbahn fallengelassen wurde. Dann hätte man mit einer einfacheren und daher billigeren Trasse das Auslangen gefunden und auch auf viele der gemauerten Dämme verzichten können, die in erster Linie an der Baukostenexplosion schuld gewesen waren.

Mit dieser Einstellung geriet Schönerer natürlich bald in Gegensatz zu Gerstner, der solchen Plänen nicht zustimmen wollte. Und so kam es, wie es kommen mußte: Als Gerstner in Bad Ischl zur Kur weilte, erreichte ihn ein Telegramm seiner Bankiers, in dem sie ihn wissen ließen, daß er die Bauleitung an Schönerer abzugeben habe. Und um ihm ganz deutlich zu zeigen, wie ernst es ihnen damit war, stellten sie auch sofort die Gehaltszahlungen an den „werthen Herrn Professor" ein. Das Hemd war ihnen ja doch näher als der Rock, und eine vielleicht veraltete, aber funktionierende Pferdebahn lieber als die zukunftsträchtige, aber finanziell riskantere Dampflokomotive.

Gerstner – ein österreichisches Schicksal. Verbittert ging er nach England und später nach Rußland. Dort erbaute er mit österreichischen Ingenieuren die erste Eisenbahn des Zarenreiches. Entgegen den Ansichten englischer Fachleute gab er ihr eine größere Spurweite, weil er meinte, dadurch leistungs-

Die erste Bahnstraße des Kontinents:
Pferdeeisenbahn zwischen Linz und Budweis

fähigere und stabilere Lokomotiven betreiben zu können und außerdem die Nutzungsverhältnisse zu verbessern. Nun wissen wir also, wer für die Breitspur, die auch heute noch in der Sowjetunion vorherrscht, verantwortlich ist: ein Österreicher!

Aus den Tiefen Rußlands aber wieder zurück an die Donau: Schönerer hatte also nach dem Ausscheiden Gerstners die Bauleitung übernommen, und nach seiner Sparvariante wurde nun die Strecke weitergebaut. Aber nicht nur der „Baustil" änderte sich. Die Handelsströme in Oberösterreich hatten sich in der letzten Zeit etwas verlagert, weshalb man auch den Streckenverlauf der Bahn den geänderten Gegebenheiten anpassen mußte. Als Endpunkt wurde nun Linz festgelegt, während der Ast nach Mauthausen gänzlich aus den Planungen verschwand.

Im Sommer 1832 war das Werk vollendet: Österreich und der Kontinent hatten ihre erste – wenn auch nur mit Pferdekraft betriebene – Eisenbahn. Ab 1. August konnte man die 131 Kilometer zwischen Budweis und Linz per Bahn zurücklegen.

Von Rußland bis zum Mittelmeer

Die 131 Kilometer von Linz nach Budweis waren eine ganz beachtliche Leistung. Nicht einmal die Eisenbahnpioniere in England hatten es bis dahin zu längeren Strecken gebracht: Die Stockton-Darlington-Bahn zählte ganze zwölf Kilometer, und das technische Wunderwerk jener Zeit, die Bahn von Liverpool nach Manchester, war immerhin nur rund 50 Kilometer lang. Aber noch ehe das österreichische Erstlingswerk in Betrieb gehen konnte, wurden schon Pläne für eine Bahn gewälzt, die die Linz-Budweiser-Strecke in den Schatten stellen sollte.

Verantwortlich dafür war der gebürtige Grazer Franz Xaver Riepl, Professor für Mineralogie und Warenkunde. Er lehrte am Polytechnischen Institut in Wien, und auch er war vom damals unter vielen Technikern grassierenden Eisenbahn-

Professor Franz Xaver Riepl: Der technische Vordenker der Nordbahn

fieber befallen worden. Riepl war nicht nur Gelehrter und Forscher, sondern auch ein Mann der Praxis. Schon damals unserem zeitgemäßen Motto „Wissenschaftler für die Wirtschaft“ folgend, wirkte er neben seiner akademischen Laufbahn auch als Berater, sprich Konsulent, der Eisenwerke in Witkowitz. Den mährischen Industriellen bescherte er den sozusagen „letzten Schrei“ der Hüttentechnik, das eben in England entwickelte, hochmoderne Puddlingverfahren.

Damit leitete er nicht nur einen vollständigen Umschwung in der Eisenindustrie ein, er legte auch den Grundstein für ein umfassendes österreichisches Eisenbahnnetz. Riepl erkannte nämlich, daß die Anwendung von Hochtechnologie im Produktionsbereich allein zu wenig sei, um konkurrenzfähig zu bleiben. Dazu gehörten schließlich auch der preiswerte Einkauf der Rohstoffe und effiziente Vertriebswege für die Fertigwaren. Diese waren durch die miserablen Verkehrsverbindungen und die damit verbundenen hohen Transportkosten keineswegs gegeben. Die für das Eisenwerk notwendige Kohle lieferten die reichen Flöze im Gebiet um Mährisch-Ostrau und Karwin. Wenn nun noch bessere Verkehrsverbindungen geschaffen wurden, war auch ein preiswerter Transport zu den Witkowitzer Hochöfen sichergestellt.

Riepls erster Gedanke war also folgerichtig die Verbindung des Eisenwerkes mit seinen Lieferanten, den Kohlengruben um Ostrau. Und was sollte sich dazu besser eignen als eine Pferdebahn? Zu dieser Zeit – man schrieb das Jahr 1829 – waren schon Teilstrecken der Linz-Budweiser-Bahn mit Erfolg in Betrieb gegangen. Riepl trug also seine Idee dem Eigentümer der Eisenwerke – kein geringerer als Erzherzog Rudolf, Kardinal-Fürsterzbischof von Olmütz – vor und bekam sofort grünes Licht für die Ausarbeitung von Detailplänen.

Riepl begnügte sich jedoch nicht mit seinem ersten Einfall. Warum sollte die Bahnlinie nur bis zum Werk verlaufen? Die Kohlevorkommen im Ostrauer Becken waren so reich, daß auch der Export in fernere Landesteile möglich schien. Was lag also näher, als die Bahn bis zur Donau, und zwar bis Wien, zu verlängern? Damit wäre ein weiterer Transportweg nach Südosten erschlossen und auch eine Verbindung der Reichs-Haupt- und Residenzstadt mit den mährischen Provinzen hergestellt gewesen.

Der Kohletransport allein bildete allerdings keinen ausreichenden Grund für ein so groß angelegtes Unternehmen. Der Bedarf an diesem Brennstoff war damals keineswegs so hoch, wie wir heute vielleicht annehmen würden. Österreich war in erster Linie noch immer ein Agrarland mit wenig Industrie. Und Dampfmaschinen, für die Kohle notwendig gewesen wäre, gab es kaum. An anderen Bodenschätzen aber herrschte großes Interesse, zum Beispiel an Salz. Damit machte ja auch die Linz-Budweiser-Bahn gute Geschäfte. In Mähren baute man zwar kein „weißes Gold" ab, weiter nordöstlich aber, in Galizien, wurde schon seit alters her Salz gefördert, und zwar in den Stollen bei Bochnia und Wieliczka in der Nähe von Krakau. Es mußte also eine Bahnlinie her, die von den Salzmagazinen in Galizien über die schlesischen und mährischen Kohlenreviere bis nach Wien führte.

Die Idee, die wenig später in der Kaiser-Ferdinands-Nordbahn verwirklicht wurde, war geboren.

Damit aber nicht genug. Riepls Arbeiten gipfelten noch im Jahre 1830 im Plan eines Eisenbahngrundnetzes für die Donaumonarchie. Von Brody an der russischen Grenze sollte die Bahn über Stryj, Przemyśl, Bochnia, Mährisch-Weißkirchen, Prerau, Lundenburg, Wien, Bruck an der Leitha, Warasdin, Laibach, Görz und Monfalcone nach Triest verlaufen. Nach den ersten Plänen folgte man der alten Bernsteinstraße und umging damit die Alpen. Franz Xaver Riepl kannte Herrn von Ghega noch nicht und ahnte nichts vom Bravourstück der Semmeringbahn.

Eine Verbindung mit Triest hatte auch schon Erzherzog Johann 1825 gefordert, und zwar als Fortsetzung der damals noch in Planung befindlichen Pferdebahn von Budweis nach Mauthausen. Dem Hofkanzler Graf Saurau eröffnete der Erzherzog: „Wenn die Eisenbahn von Budweis bis Mauthausen im Zeitraum zweyer Jahre zu Stande kömmt, ist nur das eine Glied jener Kette vollbracht – welche um jenen großen und dauernden Nutzen zu bringen, ganz da stehen soll, nämlich die weitere Verbindung von Mauthausen . . . über Stadt Steyer . . . Eisenerz, Vordernberg, Leoben, Bruck, Gratz . . . bis Triest. So eine Verbindung zwischen Triest und Prag und dann weiters auf der Moldau und Elbe bis Hamburg, welch neues Feld für den Handel, und welch Leben in all den Provinzen . . ."[4]

Welche Auswirkungen seine Bahnlinie für die Volkswirtschaft haben müßte, versuchte Riepl in einem „Memoire über die Vorteile und Bedingungen der Anlage eines vollständigen österreichischen Eisenbahnnetzes“ darzustellen: „Wer ist imstande, den hohen Aufschwung des öffentlichen Wohlstandes, die Scenen eines gesteigerten glücklicheren Volkslebens im voraus zu beschreiben, welches sich in der österreichischen Monarchie unfehlbar ergeben müßte, wenn z. B. eine wohlkonstruierte Eisenbahn von Brody über Lemberg . . . nach Wien und von da über Wieselburg, Agram . . . nach Fiume oder von Karlstadt über Laibach nach Triest gleichsam als Achse für den Umschwung des Handels und der mannigfaltigsten bürgerlichen Betriebsamkeit hergestellt würde.“[5]

Riepl dachte auch schon an Anschlußstrecken und Flügelbahnen, die von der Stammlinie abzweigen sollten. „Wie sehr müßte der innere Wohlstand noch steigen, wenn sich an diese Hauptbahn, welche fast 200 Meilen lang die schönsten Länder der Monarchie durchstreichen würde, noch mehrere Nebenbahnen anschlössen; wenn z. B. eine von Ofen nach Wieselburg, eine vom Banate nach Warasdin, eine andere von Prag über Chrudim, Trübau, Olmütz nach Prerau sich ziehen könnte! Hierdurch würden die reichsten Provinzen auf einer totalen Bahnlänge von wenigstens 300 Meilen in nahe und innigste Wechselwirkung kommen . . .“ Er stellte umfangreiche Berechnungen an, um nachzuweisen, daß die Schienenverbindung dem Transport auf der Straße weit überlegen sei, und kam zu dem Schluß, daß „der Eisenbahntransport zwischen Brody und Fiume demnach etwa weniger Kraftäußerung erheischen würde, als selbst für die Chausseeverfrachtung von Brünn nach Wien dermalen nötig ist“.[6]

Dieses zusammenhängende, mehr als 1500 Kilometer lange Bahnnetz hätte zweifellos eine Reihe von Vorteilen aufgewiesen. Es erschloß nicht nur die östlichen Gebiete des Reiches für Handel und Wirtschaft; mit den Endpunkten an der Grenze Rußlands und den bedeutenden Seehäfen im Mittelmeer wäre der langsam beginnende internationale Warenaustausch vorbereitet worden. Und auch strategische Interessen, die gerade damals, als der Schock der napoleonischen Herrschaft noch in allen Gliedern saß, nicht ganz unbedeutend schienen, waren bedacht worden: Die Bahn führte in die Richtung der damali-

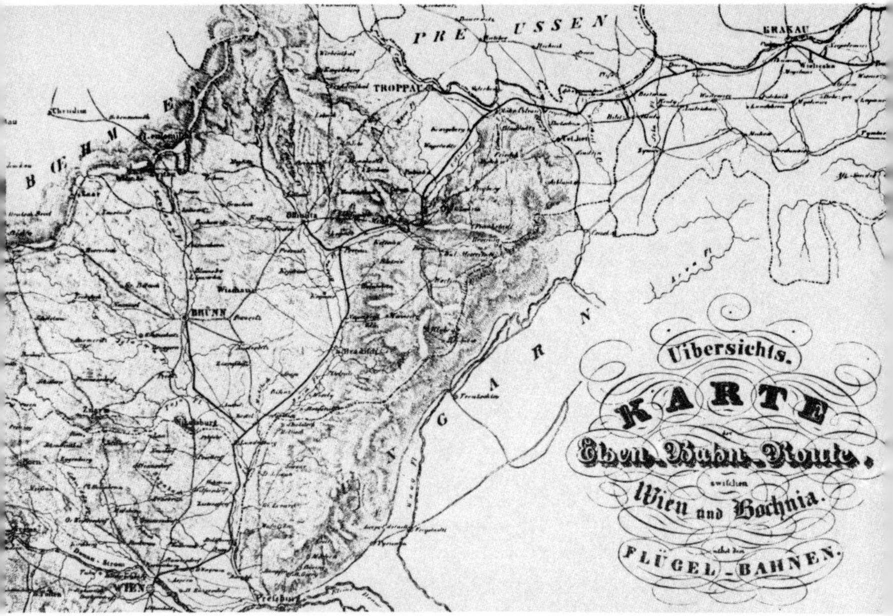

Übersichtskarte der von Franz Xaver Riepl projektierten Eisenbahn von Wien nach Bochnia

gen Gefahrenbereiche und war dadurch auch für das Militär interessant geworden.

Trotz allem war ein solches Unternehmen damals etwas vollkommen Unvorstellbares, eine Utopie. Riepl aber war kein verträumter, weltfremder Phantast, er erkannte vielmehr, daß er mit seinen Plänen um viele Jahre voraus und die Zeit dafür noch nicht reif war. Für sehr wohl machbar hielt er allerdings den 455 Kilometer langen Streckenabschnitt von Bochnia bis Wien.

Riepl kannte seine Zeitgenossen nur zu gut, als daß er seine Ideen sofort an die große Glocke gehängt hätte. Zu leicht wäre er als unrealistischer, nicht ernst zu nehmender Wissenschaftler hingestellt und als bloßer Theoretiker, der Hirngespinsten nachjagte, lächerlich gemacht worden. Er ging also daran, Rentabilitätsberechnungen, Kostenvoranschläge und Baupläne fertigzustellen. Dann trat er nicht bloß mit skizzenhaften Andeutungen möglicher Entwicklungen, sondern mit einem bis ins kleinste Detail technisch und kommerziell ausgearbeiteten Plan vor die Öffentlichkeit.

„'s wird sich ja eh net lang halten . . ."

Riepl erntete zunächst nur Fassungslosigkeit, ungläubiges Kopfschütteln und grenzenloses Erstaunen. Niemand konnte sich eine solche Eisenbahn und erst recht nicht deren Auswirkungen vorstellen. Eine mehr als 400 Kilometer lange Bahn, die durch Ortschaften führte, deren Namen man nur vom Hörensagen kannte, und die Gegenden durchquerte, welche man noch nicht einmal auf der Landkarte zu Gesicht bekommen hatte? Und wie lange wohl so eine Bahnfahrt dauern mochte? Man kannte ja nur die Postkutsche, und mit der war man auf der rund 150 Kilometer langen Strecke zwischen Wien und Brünn schon zwei bis drei Tage unterwegs. Nein, eine Eisenbahn schien im Österreich des beginnenden 19. Jahrhunderts ganz unmöglich zu sein.

Salomon Freiherr von Rothschild: Für ihn war die Eisenbahn noch kein Defizit

Es gab aber nicht nur Skeptiker und Zweifler, man fand auch aufgeschlossene und interessierte Zeitgenossen, vor allem in den Kreisen der Wiener Hochfinanz. Zu ihnen zählte etwa Samuel Biedermann, der Gesellschafter eines Großhandelshauses. Dieser begann nun bei seinen betuchten Kollegen Propaganda für Riepls Bahnprojekt zu betreiben. Mit Erfolg. Ausgerechnet der reichste Mann des österreichischen Kaiserstaates zeigte sich offensichtlich interessiert: Salomon Freiherr von Rothschild. Er hatte bereits Erfahrungen auf dem Gebiet des Eisenbahnwesens gemacht; gemeinsam mit den Gesellschaftern der „k. k. Privilegierten Ersten Österreichischen Eisenbahngesellschaft" hatte er den Ausbau der Linie Budweis – Linz nach Gmunden vorangetrieben und finanziert. Außerdem wußte er ja aufgrund seiner weitverzweigten Bankverbindungen, daß die Eisenbahn der große Schlager der nächsten Jahre zu werden versprach. In England waren regelrechte Jagden nach Eisenbahnaktien im Gange, jeder, der nur etwas Geld auf der Seite hatte, wollte an den Dividenden, die die Gesellschaften regelmäßig ausschütteten, teilhaben. Ja, in England war die Eisenbahn ein gutes Geschäft.

An dieser Stelle muß man Rothschild Gerechtigkeit widerfahren lassen. Natürlich dachte der Bankier in erster Linie an seine Geschäfte, wollte einfach Geld machen und betrachtete die Eisenbahn als Anlaß für privatwirtschaftliche Spekulation. Aber wir dürfen nicht vergessen, daß in Österreich – auch damals schon – alles viel komplizierter war als im übrigen Europa. Es gehörte also auch eine gute Portion Risikofreudigkeit und Interesse an der Sache selbst dazu, um die nicht unbeträchtliche Summe für den Bahnbau vorzustrecken. Rothschild hatte offenbar beides: eine gute Nase im Geschäftsleben und Wagemut, Unternehmungs- und nicht nur Unternehmergeist.

Rothschild machte also mit. Doch ehe er die ersten Schritte unternahm, um eine Konzessionserteilung anzusuchen, wollte er noch genauere Informationen über den letzten Stand der Dinge einholen. Er schickte den geistigen Vater des Projektes, Riepl, und einen seiner Angestellten, Leopold Edlen von Wertheimstein, auf Erkundungsreise nach England. Die beiden pilgerten also, wie schon Gerstner vor ihnen, ins Mekka der Eisenbahnen.

Dort war eben die Strecke zwischen Manchester und Liverpool vollendet worden, und unsere beiden „Industriespione“ hatten zum erstenmal Gelegenheit, eine Dampflokomotive, Stephensons legendäre „Rocket“, in Aktion zu bewundern. Und nun machte sich Riepl wohl auch schon Gedanken, ob er seine Bahn nicht für Dampfbetrieb einrichten sollte; bis dahin waren ja alle seine Pläne für einen Betrieb mit Pferden erstellt worden. Seit seinem Englandaufenthalt stand Riepl in regem Briefkontakt mit Robert Stephenson, dem Sohn des Erfinders der Dampflokomotive, um sich über die Ausführung und Preise der einzelnen Lokomotiven zu informieren.

Trotz guter Nachrichten und Neuigkeiten, die Riepl von jenseits des Kanals mitbrachte, konnte von einer Verwirklichung seines Projektes noch lange keine Rede sein. Es schien sich alles gegen die Bahn verschworen zu haben. Keiner wollte etwas von ihr wissen, alle waren dagegen. Die Handwerker – allen voran die Wagner, Sattler und Schmiede – sahen in der Eisenbahn den Vernichter ihrer Existenzen. In ihrer Kurzsichtigkeit dachten sie wohl nicht an den Auftragsboom, der durch die Eisenbahn hereinbrechen würde. Hatten sie vergessen, daß auch Züge Waggons mit gepolsterten Sitzbänken und eisernen Rädern brauchten? Fuhrwerker und Wirte an den Durchzugsstraßen jammerten, so wie schon zu Zeiten des Bahnbaues von Linz nach Budweis, über befürchtete Einkommensverluste, und die Bauern wollten gehört haben, daß die an der Bahn weidenden Kühe weniger Milch gäben.

Auch die Wiener Kaufleute und Händler, ebenso wie die Großgrundbesitzer in Niederösterreich und Ungarn, mißtrauten der Bahn. Sie fürchteten, daß billigeres Gemüse, Hühner, Schweine und Rinder aus Galizien die Preise auf den Märkten der Städte verderben würden. Die Zöllner sahen durch die Bahn dem Schmuggel Tür und Tor geöffnet, die Post ihr Beförderungsprivileg und dadurch auch eine Menge Geld in Gefahr. Und schließlich stimmten auch Polizei und Gendarmerie in das allgemeine Lamento ein, weil sie daran dachten, wieviele Spitzbuben sich nach vollbrachter Untat per Bahn aus dem Staub machen würden. Außerdem sahen sie auch die Überwachung durchaus anständiger Bürger, die ja in der Zeit des „guten Kaisers Franz“ an der Tagesordnung war, gefährdet. Wo käme man denn hin, wenn jeder reisen konnte, wann und wohin es ihm beliebte?

Fast die Formen eines Kulturkampfes nahm die Eisenbahnfrage an, als sich zu allem Überfluß auch die Medizin und der Klerus zu Wort meldeten. Priester wetterten von der Kanzel gegen das gotteslästerliche Zeug, Ärzte wiesen auf die Giftigkeit der Abgase des Dampfwagens hin und versuchten mit ernsthaften, mathematisch abgesicherten Berechnungen nachzuweisen, daß kein Mensch die mörderische Geschwindigkeit von 30 Stundenkilometern überstehen könne, ohne Schaden zu nehmen.

Das war also die Stimme des Volkes. Und wie war es um die Obrigkeit bestellt? Auch hier sah es nicht besser aus. Österreich hatte immerhin mehrere Jahre mit Frankreich Krieg geführt, und auch die Zeit als Napoleons „Verbündeter" hatte eine hübsche Stange Geld gekostet. Das Papiergeld, die sogenannten Bancozettel, war nicht mehr gedeckt. 1811 war der Staat praktisch bankrott gewesen, ein Zustand, von dem er sich mehrere Jahrzehnte nicht erholen sollte. Und nun, knapp zwanzig Jahre nach dieser finanziellen Katastrophe, wollte man Beträge in Millionenhöhe in etwas so Fragwürdiges wie eine Eisenbahn investieren? Die Hofkammer, das damalige Finanzministerium, bezweifelte, ob das noch immer an seiner Pleite laborierende Österreich die Baukosten würde aufbringen können.

Aber nicht nur finanzielle Erwägungen schoben dem Bahnbau einen Riegel vor. Der „gute Kaiser Franz", von Natur engstirnig und mißtrauisch, hatte während seiner damals fast schon vierzigjährigen Regierungszeit viele Schicksalsschläge über sich ergehen lassen müssen. Sein Leben lang war er von der Furcht besessen, die Schrecken der Französischen Revolution könnten sich wiederholen. Diese Angst hatte weitreichende Folgen. Sie verhinderte die Industrialisierung, denn diese hätte das Proletariat, in den Augen des Kaisers die Wurzel allen Übels, gefördert. Sie brachte aber auch das Spitzeltum und die Polizeistaatmethoden Metternichs mit den darin üblichen Einschränkungen der persönlichen Freiheit der Bürger mit sich. Am besten sollte alles so bleiben, wie man es nach dem Wiener Kongreß wieder eingerichtet hatte. Nur keine Veränderungen, keine Neuerungen. Die würden ja doch wiederum nur eine Gefahr bedeuten. Einem Mann wie dem Kaiser mußten die Worte Riepls, „daß die Eisenbahnen ein Mittel wären, die entferntesten Völker des Reiches zu den Mauern der Residenz zu führen",[7] wie eine gefährliche Drohung klingen.

Die Zustände im biedermeierlichen Österreich charakterisiert treffend Grillparzers Vierzeiler:

„Ich weiß ein Land, das lag so unbeweglich,
Es regte kaum die Glieder. Wie ein Wurm
In Ringen schob es sich zur Mahlzeit täglich,
Die Zeit war nur ein Glockenschlag vom Turm."

In einem waren sich Untertanen und Herrscher also einig: Die Eisenbahn war nur eine modernistische, kurzlebige Erscheinung, die keine Zukunft hatte. Wurde doch sogar der allerhöchste Ausspruch des nicht gerade mit übermäßigen Geistesgaben gesegneten Thronfolgers Erzherzog Ferdinand kolportiert, der meinte, „daß sich so 'was ohnehin nicht halten werde, weil doch nicht einmal der Stellwagen nach Kagran immer voll besetzt sei".[8]

Daß in einem solchen Klima dem von Rothschild noch im Jahre 1830 eingebrachten Ansuchen um Verleihung einer Konzession für die Bahn zwischen Bochnia und Wien auf gar keinen Fall Erfolg beschieden sein konnte, darauf muß wohl nicht extra hingewiesen werden. Mochten die Eisenbahnen in England nur munter dampfen und immer neue Linien eröffnet werden, in Österreich konnte man auf eine solche Modetorheit gut verzichten!

Auf dem Weg zum „ausschließlichen Privileg“

Aus einem österreichischen Eisenbahnnetz wurde also vorderhand nichts. Rothschild mußte Riepls Projekt zurückstellen. Aber man gab die Hoffnung nicht auf und wartete, daß in nicht allzu ferner Zukunft durch andere politische Verhältnisse der Bahnbau ermöglicht werden würde. Die Zeit bis dahin sollte aber nicht nutzlos verstreichen. Es waren ohnedies noch eine Menge Vorarbeiten zu erledigen: Trassierungsarbeiten mußten vorbereitet werden, Statuten für die zukünftige Gesellschaft, die die Bahn bauen und betreiben sollte, waren zu erstellen. Man durfte außerdem die Entwicklung außerhalb Österreichs nicht aus den Augen verlieren und die Fortschritte im Lokomotivbau nicht außer acht lassen. Nicht zuletzt sollte die Öffentlichkeit immer wieder vom Nutzen der Eisenbahn überzeugt werden.

Für die Linienführung nahm man drei Varianten in Aussicht: von Wien nach Lundenburg (Břeclav), Brünn (Brno) und Proßnitz (Prostějov), weiter über Olmütz (Olomouc) und Leipnik (Lipnik) nach Oderberg (Bohumin); die zweite vorgeschlagene Trasse sollte von Lundenburg entlang der March bis Napagedl (Napajedla) und dann weiter über Kremsier (Kroměřič), Tobitschau (Tovačov) und Proßnitz ebenfalls über Olmütz und Leipnik nach Oderberg verlaufen. Die dritte Variante verlegte die Bahn unter Ausnützung der Täler von March, Bečwa und Oder über Napagedl, Kremsier und Prerau (Přerov) nach Oderberg.

Die Planer hatten bei der Trassenwahl nicht bloß auf die technische Ausführbarkeit geachtet. Wirtschaftliche Gesichtspunkte waren wohl bei der Einbeziehung der großen mährischen Städte ausschlaggebend gewesen. Daß Dilettantismus in der Kommunalpolitik nicht erst eine Erfindung unseres Jahrhunderts ist, exerzierten schon damals einige Stadtväter vor. Kurzsichtigkeit und Ignoranz herrschte in den Gemeinderäten und Amtsstuben, und viele Städte, allen voran Olmütz und Kremsier, verbaten es sich zunächst aufs heftigste, von Eisenbahnen belästigt zu werden. Sie sahen ihren Fehler bald ein und erhielten schließlich doch einen Bahnanschluß; Olmütz immerhin schon 1841, Kremsier erst 1869. An der Hauptstrecke der Nordbahn lagen sie nun allerdings nicht.

Nachdem man über die Linienführung Klarheit gewonnen hatte – Variante drei unter Umgehung von Kremsier und Olmütz –, konnte man darangehen, detaillierte Kostenvoranschläge auszuarbeiten. Mit der Kalkulation wurden die Ingenieure Groß und Reinscher beauftragt. Sie kamen dabei auf die stolze Summe von 11.360.000 Gulden; nur für die Hauptstrecke wohlgemerkt, aber die war in weiser Voraussicht bereits zweigleisig geplant; die projektierten Flügelbahnen sollten noch einmal Beträge in Millionenhöhe erfordern.

Der nächste Schritt, den die eifrigen Planer um Rothschild setzten, war die Abfassung eines Organisationsstatutes für den kommerziellen und den technischen Dienst. Als Vorbild dienten wieder einmal die Engländer mit ihrer Liverpool-Manchester-Bahn. Mit den technischen Fragen setzte sich in bewährter Manier Franz Xaver Riepl auseinander, die kommerzielle Seite betreute Heinrich Sichrovsky. Er war Angestellter im Bankhaus Biedermann und als solcher mit allen Höhen und Tiefen des Wirtschaftslebens vertraut. Auf zahlreichen Reisen mit seinem Chef hatte er unter anderem in England die Eisenbahn kennen- und schätzengelernt und war seither ein glühender Verfechter des neuen Transportmittels. Dem hervorragend ausgearbeiteten Statut hatte es die Nordbahn zu verdanken, daß sie „von Beginn an zu den bestverwalteten Bahnen der Monarchie“ zählte.[9]

Sichrovsky war es auch, der 1834 sein „Promemoria über die Anlage, Unterhaltungskosten und Frachtquantum“ vorlegte. Hier wollte er die Wirtschaftlichkeit und die Bedeutung der Eisenbahn aufs neue beweisen. „Zur Vermeidung aller sanguinischer Hoffnungen“ schien es Sichrovsky ratsam, mit Zahlen äußerst vorsichtig umzugehen. So übertraf dann schon das erste Betriebsjahr das angenommene Passagier- und Frachtaufkommen bei weitem.[10]

Mittlerweile war auch die Frage nach der geeigneten Traktionsart in den Mittelpunkt des allgemeinen Interesses gerückt. Der Entschluß, den Bahnbetrieb mit Pferden zu bewerkstelligen, wurde mehr und mehr in Frage gestellt. Aus England kamen immer neue Nachrichten von den Wunderdingen, die Lokomotiven bereits zu leisten imstande waren. Riepl und Sichrovsky begaben sich abermals, auf Kosten des Hauses Rothschild, auf Reisen; nach England, Deutschland und Belgien.

Denn inzwischen waren viele von den alten Vorurteilen auf dem Kontinent verschwunden. In Bayern wurde 1835 die erste Eisenbahn Deutschlands zwischen Nürnberg und Fürth eröffnet, und auch Belgien nahm im selben Jahr – nur vier Jahre nach Erlangung der Unabhängigkeit – seine erste Bahnlinie in Betrieb. Österreich konnte die Augen vor den Zeichen der Zeit nicht mehr länger verschließen, und nun waren die Weichen für die Nordbahn so gut wie gestellt. Um aber ganz sicherzugehen, wandte man sich an einen Experten. Mathias von Schönerer, der Bauführer der Linz-Budweiser-Bahn, wurde eingeladen, seine Meinung in der Frage Pferd oder Dampf abzugeben und ein Gutachten zu erstellen. Schönerer bereiste die gesamte Strecke von Wien bis Bochnia und empfahl, eine „eingleisige Holzbahn mit Dampfbetrieb" einzurichten.[11] Damit waren die Würfel gefallen.

Auch das Mißtrauen der Bevölkerung gegenüber der Eisenbahn nahm zusehends ab. Hier kam Rothschild & Co. allerdings auch der Zufall zu Hilfe: Der Mechaniker Johann Friedrich Voigtländer hatte für 6000 Gulden einen „Dampfzugkarren" erstanden und nach Wien gebracht. Im Prater führte er nun Tag für Tag dieses Vehikel vor und verdiente daran auch nicht schlecht. Für die Wiener gab es wieder einmal eine Attraktion: Das Motto hieß „Gemma Dampfwagen schaun!" Die meisten bekamen zum erstenmal eine solche Dampfmaschine auf Rädern zu Gesicht, und siehe da: Eigenartig war er zwar schon, dieser rauchende Wagen ohne Pferde, aber gefährlich schien er nicht zu sein. Das nicht unbedeutende Nebenprodukt der Voigtländerschen Kuriositätenschau war immerhin, daß die Furcht vor den dampfenden Ungeheuern immer mehr schwand.

Nicht nur in der Einstellung des „gemeinen Volks" trat ein Meinungsumschwung ein, auch am politischen Horizont zeigte sich ein Silberstreif. Am 2. März 1835 starb Kaiser Franz und hinterließ das Reich seinem ältesten, geistig nicht gerade bedeutsam zu nennenden Sohn Ferdinand. Die Monarchie hatte zwar einen Kaiser, aber keinen Herrscher, denn für Ferdinand regierte die aus seinem Onkel Erzherzog Ludwig, Graf Anton Kolowrat und Fürst Wenzel Metternich zusammengesetzte Staatskonferenz. Sie leitete die Geschicke und die Geschäfte des Staates.

Kaiser Ferdinand, der „Gütige", wie ihn der Volksmund euphemistisch nannte (die Liberalen sagten: der Blödsinnige), brauchte sich nicht den Kopf zu zerbrechen, sondern bloß zu unterschreiben. Alles andere nahm ihm die Staatskonferenz ab. So auch das Ansuchen des Wechselhauses Rothschild, das schon wenige Wochen nach der Thronbesteigung Ferdinands, am 15. April 1835, neuerlich eingebracht worden war. Und das Unglaubliche geschah: Schon sieben Monate später, am 21. November 1835, landete auf dem Rothschildschen Schreibtisch eine vorläufige Bewilligung für den Bau der Bahn.

Ob allerdings das Interesse Ferdinands an der Sache selbst ausschlaggebend war, wie oft behauptet wird, ist mehr als fraglich. Es scheint eher wahrscheinlich, daß Metternich und Ko-

Kaiser Ferdinand der „Gütige": Mußte nicht denken, sondern nur unterschreiben

lowrat die Vorteile der Eisenbahn für die Monarchie erkannten und in dieser Richtung auf den Kaiser einwirkten. Das Ergebnis war ein in zwölf Punkten fein säuberlich formuliertes und mittels des „lieben und getreuen Anton Friedrich Grafen von Mittrowsky von Mittrowitz und Nemischl", oberster Kanzler des Reiches, ausgefertigtes Papier, in dem alles nachzulesen war, was Herrn von Rothschild nun erlaubt sein sollte. Und das war eine ganze Menge. Daß er die Bahn von Wien nach Bochnia samt den Nebenlinien nach Brünn, Olmütz, Troppau, Bielitz, Biala und zu den Salzmagazinen nach Dwory und Wieliczka bauen durfte, war nun klar. Es wurde ihm auch zugestanden, diese Linien für die nächsten fünfzig Jahre zu betreiben, ohne daß ihm dabei jemand ins Handwerk pfuschen konnte. Da es sich um ein „ausschließliches Privileg" handelte, war es jedermann untersagt, ein Konkurrenzunternehmen aufzuziehen. Rothschild war also Monopolist. Außerdem gestand ihm der Staat auch das Expropriationsrecht zu, wie es beim Bau öffentlicher Straßen bestand. Das hieß, daß die Gesellschaft gegen Grundeigentümer, die ihren Besitz nicht gegen die angebotene Entschädigung abtreten wollten, bei Gericht auf die Enteignung dringen konnte. Alle diese Vorteile sollte die Bahngesellschaft fünfzig Jahre hindurch genießen. Danach stand es dem Privilegiumsinhaber frei, um eine Verlängerung der Konzession anzusuchen oder aber die Bahn einem privaten Interessenten oder dem Staat zum Kauf anzubieten.

Aber keine Rechte ohne Pflichten, auch nicht für den Herrn Baron Rothschild! Zwar verzichtete der Staat auf die Einhebung von Weg- und Brückenmauten, im Zuge der Bauarbeiten verursachte Schäden hatten die Bahnbauer allerdings zu ersetzen. Auch eine Frist für die Fertigstellung der Bahn wurde festgelegt. Binnen zweier Jahre mußte wenigstens eine Meile – das entspricht ungefähr siebeneinhalb Kilometern – und nach Ablauf von zehn Jahren die gesamte Hauptstrecke fertiggestellt sein. Sollte dieser Zeitplan nicht eingehalten werden, würde das Privileg seine Gültigkeit verlieren.

Rothschild hatte nun also erreicht, was er wollte. Ein Wermutstropfen allerdings trübte diese provisorische Konzession. Die Post, die um ihre Einnahmen fürchtete, verlangte beträchtliche Entschädigungsgebühren, und man hatte diesem Wunsch auch stattgegeben. Mit der Beharrlichkeit des Bankdirektors

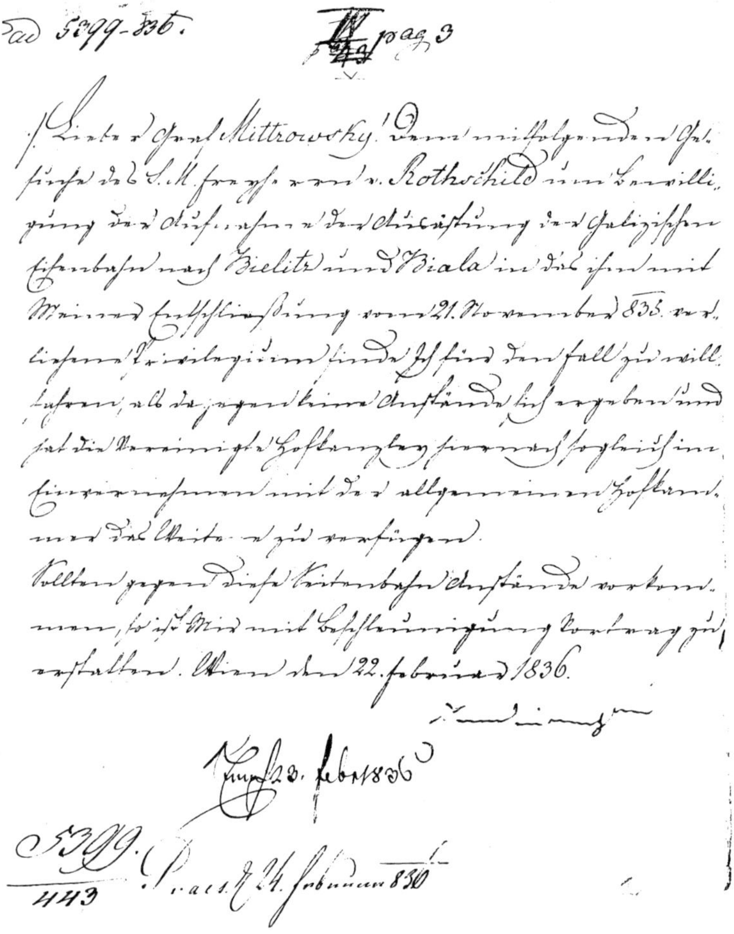

Allerhöchstes Handschreiben Kaiser Ferdinands an den Kanzler: Rothschild darf die Nordbahn bauen

versuchte Rothschild nun den Behörden klarzumachen, daß solche Zahlungen nicht in Frage kämen, da der Bahnbau für das junge Unternehmen ohnehin teuer genug sei und man sonst das Projekt aufgeben müsse. Das wirkte. Nach einigen Verhandlungsrunden stimmten die maßgebenden Herren den Einwänden Rothschilds zu und ließen den Passus sehr zum Leidwesen der Postverwaltung aus der Konzession streichen. Am 4. März 1836 war es so weit. Kaiser Ferdinand unterzeichnete die definitive Privilegiumsurkunde und gab damit den Startschuß zum Bau der ersten österreichischen Lokomotiveisenbahn.

Würden Sie Bahnaktien kaufen?

Um den Bau der Nordbahn finanzieren zu können, hatte man dem Bankhaus Rothschild im Rahmen des Privilegiums zugestanden, eine Aktiengesellschaft zu gründen. Das war ja auch schon bei der Linz-Budweiser-Bahn der Fall gewesen und hatte sich bewährt. Am 22. Februar 1836 fanden sich die Herren Biedermann, Sichrovsky, Wertheimstein, Baron Eskeles, Freiherr von Geymüller, Graf Larisch und Baron Sina im Hause Rothschild ein, um die Modalitäten zur Schaffung einer solchen Finanzierungsgesellschaft zu besprechen. Man war sich rasch einig. Noch am selben Tag bildeten die Finanziers ein provisorisches Komitee.

Mit der Konstituierung allein war es aber noch nicht getan, es fehlten die Aktionäre. Um die Interessenten aufmerksam zu machen, beschloß man, das Programm der Aktiengesellschaft zu veröffentlichen. Das geschah am 27. Februar 1836 im „Allgemeinen Intelligenzblatt zur Wiener Zeitung". In bester Anlageberatermanier pries man dort die „hochwichtigen Resultate", welche die Eisenbahn für die „Erhöhung der Production, der Industrie und des Commerces" haben würde, und sagte den „an diesem großen Nationalwerk theilnehmenden Individuen" einen günstigen Erfolg sowie eine bedeutende jährliche Dividende voraus.

Da die errechneten Baukosten knapp 11,5 Millionen Gulden betrugen, dachte man daran, Aktien im Gesamtwert von 12 Millionen aufzulegen. Das wurde auch von der Hofkammer genehmigt, allerdings mit einer Auflage: Da die Staatsverwaltung noch immer nicht vollständig vom Erfolg des Unternehmens überzeugt zu sein schien, verlangte sie, die Wertpapiere mit einem Nominalwert von je 1000 Gulden auszugeben. Der Sinn der Sache war, bei einem eventuellen Zusammenbruch der Gesellschaft nicht allzu große Teile der Bevölkerung hineinzuziehen. Man nahm zu Recht an, mit einer Mindestkaufsumme von 1000 Gulden den Interessentenkreis schon von vorneherein eingeschränkt zu haben. Denn wer mochte damals leichtfertig sein sauer verdientes Geld in eine solche Sache stecken? Und wer es tat, der konnte es sich bestimmt leisten. Spekulanten waren ohnedies selber schuld, falls das Unternehmen Schiffbruch erlitt.

12.000 Anteilscheine zu je 1000 Gulden waren also zu vergeben. Eigentlich waren es nur mehr 4000, denn die restlichen zwei Drittel befanden sich schon in festen Händen, nämlich in denen der erwähnten Gesellschafter. Kaum waren die Aktien zur Subskription freigegeben, setzte ein nicht für möglich gehaltener Sturm auf die Wertpapiere ein. Die Konditionen für den Kauf waren nämlich äußerst günstig gehalten; die 1000 Gulden mußten nicht auf einmal und in bar erlegt werden, sondern Rothschild begnügte sich mit einer Ratenzahlung. Fünf Jahre hindurch, mit 15. April 1836 beginnend, waren jeweils am 15. April und am 15. Oktober 100 Gulden einzuzahlen.

Außerdem versprach die Bahngesellschaft, das veranlagte Kapital bis zum gewinnbringenden Betrieb der Linie mit vier Prozent jährlich zu verzinsen; eine sicherlich attraktive Möglichkeit für risikofreudige Anleger. So war es dann auch keine Überraschung, als schon wenige Tage nach Zeichnungsbeginn die Nordbahnaktien vollständig vergriffen waren. Aber nicht nur das: Die Auflage war hoffnungslos überzeichnet; statt der notwendigen 12 Millionen Gulden waren 27,5 Millionen aufgebracht worden.

Geld gab es also in Hülle und Fülle. Man sollte meinen, daß damit nun endlich alle Schwierigkeiten aus dem Weg geräumt gewesen wären und man mit ruhigem Gewissen an die Arbeit hätte gehen können. Zuerst sah auch alles noch ganz friedlich aus. Sogar Allerhöchst Seine Majestät der Kaiser selbst hatten sich herabgelassen und gestattet, daß die Bahn seinen Namen tragen und als Kaiser-Ferdinands-Nordbahn bezeichnet werden dürfe.

Auch die notwendigen bürokratischen Erledigungen gingen ihre vorgezeichnete Bahn. In der ersten Generalversammlung am 25. April 1836 trat das Bankhaus Rothschild die Konzession an die Aktiengesellschaft ab, deren Geschäftsführung einem zwölfköpfigen Ausschuß mit Freiherrn von Geymüller an der Spitze übertragen wurde. Daß Undank der Welt Lohn

K.K. PRIVILEGIRTE

Kaiser Ferdinands-Nordbahn

SERIE 0,995

NUMMER 01

4%

ANLEIHE VON 20,000.000 GULDEN ÖSTERR. WÄHRUNG,

bestehend in

Stück 1.000 Schuldverschreibungen zu 5000 Gulden österr. Währung,

Stück 13.000 Schuldverschreibungen zu 1000 Gulden österr. Währung,

Stück 10.000 Schuldverschreibungen zu 200 Gulden österr. Währung,

zu 4% verzinslich und im Wege der Verlosung rückzahlbar in Gulden österreichischer Währung binnen 43 Jahren vom Jahre 1898 angefangen.

SCHULDVERSCHREIBUNG

lautend auf den Ueberbringer über

FÜNFTAUSEND 5000 GULDEN Ö.W.

Die K. K. privilegirte Kaiser Ferdinands-Nordbahn hat auf Grund der ihr vom k. k. Eisenbahn-Ministerium im Einvernehmen mit dem k. k. Finanz-Ministerium ertheilten Genehmigung vom 25. September 1896, Z. 9.636 I und des Beschlusses der General-Versammlung der Actionäre vom 31. Mai 1897 zur Dotirung des Baureservefondes des öffentlichen Eisenbahnunternehmens (mit Ausschluss der Localbahnen) eine Anleihe im Betrage von 20,000.000 Gulden österr. Währung aufgenommen und nach Empfang des Darlehens Stück Tausend Schuldverschreibungen zu Fünftausend Gulden österr. Währung, Stück Dreizehntausend Schuldverschreibungen zu Eintausend Gulden österr. Währung, Stück Zehntausend Schuldverschreibungen zu Zweihundert Gulden österr. Währung, in welchen diese Schuldverschreibung mitinbegriffen ist, ausgefertigt, deren Verzinsung und Einlösung sie unter nachfolgenden Bestimmungen zu leisten sich verpflichtet:

1. Jede Schuldverschreibung wird mit jährlich Vier vom Hundert in österr. Währung vom 1. Februar 1898 an bis zu dem Tage, an welchem die Rückzahlung fällig wird, in nachhinein fälligen, halbjährigen Raten verzinst.

Die Auszahlung der Zinsen erfolgt **ohne jeden Steuer-, Gebühren- oder sonstigen Abzug** am 1. Februar und am 1. August jedes Jahres gegen Rückstellung des entsprechenden Coupons dieser Schuldverschreibung mit Hundert Gulden österr. Währung in Wien bei der von der Schuldnerin jeweilig bekannt zu gebenden Zahlstelle.

Als man noch nicht den Staat anpumpte – Nordbahnanleihe aus dem Jahre 1898

ist, mußte damals auch einer am eigenen Leibe erfahren, der es wohl am ehesten verdient hätte, in der obersten Etage Platz zu nehmen: Der geistige Vater der Nordbahn, Franz Xaver Riepl, war in diesem Ausschuß nicht vertreten. Von 958 abgegebenen Stimmen waren nur 25 auf ihn entfallen. Diese für die Aktionäre wenig rühmliche Entscheidung wurde dann aber einen Monat später anläßlich der zweiten Generalversammlung am 21. Mai revidiert. Riepl wurde nun einstimmig in die Direktion der Nordbahn berufen. Man hatte sich offensichtlich darauf besonnen, daß nicht nur Finanz- und Verwaltungsexperten, sondern auch die eigentlichen Fachleute ihren Platz in den vordersten Reihen des Managements haben sollten.

Alle diese Ereignisse waren aber gleichsam die Ruhe vor dem Sturm, der in den Herbsttagen des Jahres 1836 einsetzte. Es hatte zwar schon so ausgesehen, als sei das Mißtrauen gegen die Eisenbahn endgültig verschwunden und kein Thema mehr, aber dem war beileibe nicht so! Kleinere Rückschläge, die das Eisenbahnwesen in England erlitten hatte, wurden dramatisiert und breitgetreten, aus einer Mücke machte man einen Elefanten. Und da waren sie auch alle wieder, die ewigen Pessimisten („Mir haben's ja gleich g'sagt!"), die Neider und die Mißgünstigen („Seht's, des habt's jetzt davon!").

Auch die alten Gegner der Nordbahn krochen aus ihren Löchern und begannen in altbewährter Manier zu unken, natürlich nur im Interesse der Volkswirtschaft, um diese vor nicht wieder gutzumachenden Schäden zu bewahren. Die Unruhe griff immer weiter um sich und erfaßte auch die Aktionäre, die um ihr Geld zu fürchten begannen. Im Oktober erlebte die Krise ihren Höhepunkt. Der Fortbestand der Gesellschaft und der Bau der Nordbahn waren gefährdet.

Da berief Rothschild für den 19. Oktober 1836 eine außerordentliche Generalversammlung ein, um sich Klarheit zu verschaffen. Die Aktionäre sollten über das weitere Schicksal und den Bestand der Nordbahn-Gesellschaft entscheiden. Freiherr von Geymüller stellte die alles entscheidende Frage: Sollte man mit den Bauarbeiten beginnen oder die Gesellschaft auflösen? Und nun zeigte Rothschild, daß er ein profunder Kenner der österreichischen Seele war: Selbstverständlich würde er im Falle einer Auflösung alle Einlagen zurückzahlen, samt Zins und Zinseszinsen, aber dafür beanspruche er natürlich die freie Verfügung über die Konzession; und er würde die Nordbahn bauen, wenn nicht mit österreichischem, dann eben mit ausländischem Kapital! Dieser Druck auf die patriotischen Tränendrüsen zeigte Wirkung. 79 von 83 Aktionären stimmten für den Bau der Bahn und gegen die Auflösung der Gesellschaft. Man war wieder einmal über die Runden gekommen. Ausständig war nur noch die Bestellung einer definitiven Direktion. Dies geschah in der konstituierenden Generalversammlung am 12. Dezember 1836.

Österreichische Qualität nicht gefragt

Die Nordbahndirektion hatte die besten Ingenieure engagiert, die aufzutreiben waren, allen voran den k. k. Hofbaurat Hermenegild Ritter von Francesconi. Nachdem er schon verschiedene Straßenbauten ausgeführt hatte, war er im Staatsdienst gelandet und stand dort dem Referat vor, das für alle wichtigen Bauvorhaben der Zeit zuständig war. Auf diese Weise war er natürlich schon früher mit der Eisenbahn in Berührung gekommen, denn die Pläne, die Rothschild den Konzessionsansuchen beigegeben hatte, waren auch über seinen Schreibtisch gegangen.

Den Direktoren der Nordbahn schien Francesconi der geeignete Mann zu sein, um die Bauarbeiten zu leiten. Dazu war es aber nötig, ihn von seinem Staatsposten freizubekommen. Francesconi zog schließlich mit dem Segen der Regierung in die technische Kommission der Nordbahn ein. Neben Francesconi hatte man auch den niederösterreichischen Oberbaudirektor Johann von Kudriaffsky engagiert. Die beiden machten sich nun auf die Suche nach weiteren Technikern, die sie bei ihrer Arbeit unterstützen sollten. Einer davon war Karl Ghega, damals noch als beamteter Straßenbauer in der Provinz Treviso tätig, mit dem klingenden Titel eines k. k. Amtsingenieurs I. Klasse. Francesconi kannte Ghega schon von früher her, als sie noch gemeinsam in Norditalien Landstraßen vermessen hatten. Die Tatsache, daß beide aus Venedig stammten, mag vielleicht nicht ausschlaggebend für die Anstellung gewesen sein, hinderlich war sie auf keinen Fall. Der vierte im Bunde war der Oberingenieur Franz von Bretschneider, der schon seit einiger Zeit im Auftrag der Nordbahngesellschaft in England, Deutschland und Belgien umhergereist war, um sich über den Stand und die Fortschritte im Eisenbahnbau zu informieren. So gerüstet, machte man sich an die Arbeit.

Die Aktionäre hatten beschlossen, die Hauptstrecke vorerst von Wien bis Lundenburg und daran anschließend die Flügelbahn nach Brünn zu bauen. Das hatte auch seine guten Gründe. Während für die Hauptlinie nur vage Kostenrechnungen und Trassenstudien existierten, lagen für den Brünner Ast bereits exakte Berechnungen und Streckenprofile vor. Und da Brünn ja immerhin die Hauptstadt Mährens war, hatte wohl eine Verbindung mit Wien ihre Berechtigung. Aber neben diesen unleugbar einsichtigen Argumenten, den Bau einer Flügelbahn der Stammstrecke vorzuziehen, spielten da vielleicht auch noch andere Gründe eine Rolle, Gründe, die sich keiner so recht einzugestehen traute? War es noch immer das alte Mißtrauen gegenüber der Eisenbahn, war es der leise Zweifel, ob denn alles, was man so sorgfältig geplant hatte, tatsächlich auch gutgehen würde? Die Strecke nach Brünn, rund 150 Kilometer, war wohl noch zu schaffen. Sie hatte auch ihren Sinn und brachte schließlich auch eine bedeutende Verbesserung für den Handel. Begann man aber gleich mit der Hauptstrecke und blieb dann nach 150 Kilometern stecken, wo war man dann? Irgendwo im Marchtal, die Bahn ein Torso ohne wesentliche Funktion, weder für den Personen- noch für den Güterverkehr.

Der Flügel nach Brünn hatte also Vorrang. Die Linienführung war klar: von Wien durch das Marchfeld über Wagram, Gänserndorf, Angern, Stillfried und Dürnkrut nach Lundenburg. Während von dort die Stammstrecke entlang der March weiterverlaufen sollte, nahm die Flügelbahn ihren Weg über Kostel (Podivin), Branowitz (Vranovice) und Raigern (Rajhrad) nach Brünn.

So einfach war die Sache allerdings nicht. Das erste Problem stellte bereits die Wahl des Streckenbeginns dar. Wenn die Bahn ihren Ausgangspunkt in Wien haben sollte, und das war wohl unvermeidlich, mußte sie die Donau übersetzen. Eine Brücke zu schlagen, bot zwar keine technischen, dafür aber andere Schwierigkeiten. Man redete nämlich schon seit einigen Jahren von einer Regulierung der Donau, um die Hochwässer, die jeden Frühling die umliegenden Bewohner bedrohten, einzudämmen. Der Bau einer Eisenbahnbrücke war daher im Augenblick sinnlos, da sie im Zuge der Regulierungsarbeiten wieder abgerissen und durch eine neue, den geänderten Verhältnissen angepaßte Konstruktion ersetzt werden hätte müssen. Das wäre nicht nur ziemlich kostspielig gewesen, man hätte auch eine Menge Zeit vergeudet. So beschloß man also, die Bahn vorerst jenseits der Donau, in Floridsdorf, beginnen zu lassen. Eine direkte Verbindung wollte man aber trotzdem sofort herstellen, und zwar mit Hilfe der guten alten Pferdebahn. Diese sollte vom Wiener Stationsplatz aus entlang der bestehenden Poststraße bis nach Floridsdorf geführt werden; die Donau hätte sie über die schon vorhandene Straßenbrücke übersetzt. Nach der Donauregulierung wollte man dann einfach eine eigene Eisenbahnbrücke bauen und die Lokomotivbahn durchgehend von Wien bis Floridsdorf führen.

Am 7. April begannen die Bauarbeiten. Man hatte sich entschlossen, die Erdarbeiten und die Anlage von Brücken verschiedenen Bauunternehmern zu überlassen, um Konkurrenzverhältnisse auszunützen und die bestmöglichen Ergebnisse zu erhalten. Francesconi entwarf einen Katalog, in dem präzise alle Bestimmungen für den Bau aufgeführt waren, die von den Firmen peinlich genau eingehalten werden mußten. Auf diese Weise wollte man von vornherein Zweifelsfälle und Rechtsstreitigkeiten ausschalten.

Die Arbeiten auf dem Streckenteil Wien – Gänserndorf wurden den Gebrüdern Klein überlassen. Dieses Unternehmen entwickelte sich zu einer renommierten Firma im Eisenbahnbau und war auch bei der Errichtung der Semmeringbahn maßgeblich beteiligt. Zwischen 10.000 und 14.000 Arbeiter tummelten sich auf den Bauplätzen zwischen Floridsdorf und Deutsch Wagram. Obwohl sie in Eisenbahnbauten völlig unerfahren waren, vollendeten sie den 13,5 Kilometer langen Abschnitt in nur etwas mehr als sieben Monaten. Auf unerfahrene Arbeiter wollte sich Francesconi aber nicht verlassen, als es um die Oberbauarbeiten ging. Deren Ausführung hatte sich die Direktion in eigener Regie vorbehalten, weil es ihr zu gefährlich schien, „eine Arbeit, deren möglichen Falles statt findende Unvollkommenheit das Leben vieler Menschen in Gefahr bringen konnte, mit derselben noch nicht vertrauten Pächtern zu überlassen“.[12] Für das Verlegen der Schienen, das größte Genauigkeit und Sorgfalt erforderte, ließ die Nordbahn sogar Arbeiter aus England kommen, die bereits an Eisenbahnbauten mitgearbeitet hatten und die notwendige Erfahrung mitbrachten.

Mit den Schienen hatte man überhaupt seine liebe Not. Ursprünglich war der sogenannte „amerikanische Oberbau“ vorgesehen gewesen, auf durchgehenden Längshölzern befestigte Flachschienen. Die ersten Erfahrungen auf der Linz-Budweiser-Bahn, bei der dieses System ebenfalls in Verwendung stand, hatten aber gezeigt, daß dieser Oberbauart kein langes Leben beschieden sein würde. Man klagte vor allem über den unruhigen Lauf, der nicht nur den Reisenden zur Qual wurde, sondern auch die Waggons in Mitleidenschaft zog. Teure Reparaturen und Wagenmangel waren die Folge. Solche ungünstigen Erfahrungen wollte man auf der Nordbahn von Beginn an vermeiden und entschloß sich daher, Schienen nach belgischem Muster zu verlegen. Dafür verwendete man nach dem Vorbild Stephensons Hochschienen, die allerdings nicht, wie in England üblich, auf Steinquadern, sondern auf Querschwellen aus Eichenholz auflagen, wie sie auch heute noch den gewohnten Anblick bieten. Diese Konstruktion hatte trotz wesentlich höherer Kosten gewaltige Vorteile. Man mußte weitaus weniger Holz aufwenden – damals bloß wegen der niedrigen Kosten interessant, heute würden die Naturschützer grün vor Freude –, und außerdem hatten die kürzeren, tiefer gelagerten Querschwellen eine viel längere Lebensdauer. Auch das Auswechseln von Gleisstücken ging leichter vor sich, ebenso die Anlage von Weichen in Bahnhöfen. Die Passagiere freuten sich ebenso wie die Werkstätten über den deutlich ruhigeren Lauf und weniger Schäden.

Einen Haken hatte die Sache allerdings. Von der weitaus einfacheren Flachschiene hätten die heimischen Eisenwerke die nötige Anzahl herstellen können, bei der wesentlich aufwendigeren Stuhlschiene mußten sie allerdings passen. Doch nicht nur die Quantität, auch die Qualität, die man in Österreich zu bieten vermochte, war bescheiden. Die Nordbahn hatte Proben angefordert; beim Vergleich mit den englischen Mustern mußte man feststellen, daß die Schienen made in Austria qualitativ nicht entsprachen.

Was sollte man also tun? Eine zweite Ausschreibung, in der die Nordbahn auch einen weitaus höheren Preis in Aussicht stellte, hatte wenigstens den Erfolg, daß sich einzelne Betriebe daranmachten, die zur Schienenfertigung notwendigen Präzisionsmaschinen zu beschaffen. Mit der Lieferung aller benötigten Schienen aus dem Inland war allerdings nicht zu rechnen.

Es blieb auch diesmal nichts anderes übrig, als Schienen aus England zu importieren. Der erste Weg führte also zu den Finanzbehörden, um die Einfuhr genehmigen zu lassen. Bei dieser Gelegenheit wollte man auch gleich um eine Zollermäßigung ansuchen. Bei den immens hohen Preisen, die man auf der Insel forderte, wollte man wenigstens die Summe, die die Finanz im Namen der heimischen Wirtschaft abknöpfte, möglichst gering halten.

Wie im Verkehr mit Behörden allenthalben üblich, hörte man einmal längere Zeit überhaupt nichts. Das wäre ja nicht schlimm gewesen, hätte es nicht die bewußten Fristsetzungen in der Konzession gegeben, denen zufolge innerhalb eines Jahres 7,5 Streckenkilometer in betriebsfähigen Zustand gebracht werden mußten. In der Not ging man also dazu über, zwischen Floridsdorf und Deutsch Wagram Flachschienen nach amerikanischem Muster zu verlegen. Wie unbrauchbar diese Art des Oberbaus tatsächlich war, zeigte sich schon wenige Jahre später, als man 1840 diese Gleise austauschen und durch Hochschienen ersetzen mußte, „um die Strecke in fahrbarem Zustand zu erhalten“.[13]

In der Zwischenzeit hatte sich auch der Amtsschimmel zu einer Lösung, allerdings recht eigenwilliger Art, aufgerafft: Für 11.200 Zentner Schienen wurde der Einfuhrzoll zwar um die Hälfte gesenkt, die gesamte Importmenge allerdings mit 73.200 Zentnern festgelegt, obwohl man aufgrund der Angaben, die die Nordbahn gemacht hatte, genau wußte, daß allein im ersten Baujahr an die 100.000 Zentner benötigt werden würden. Ein weiterer Kommentar dazu erübrigt sich wohl, man hatte eben bereits damals seine „Vurschriftn“. Zum Glück konnten aber schon die heimischen Gewerke einspringen und zumindest das restliche benötigte Schienenmaterial liefern, sogar in annehmbarer Qualität, aber zu einem deutlich überhöhten Preis.

„Austria“ – made in England

Aber nicht nur mit der Beschaffung des Schienenmaterials hatte man sein Kreuz; es mußten schließlich auch Dampflokomotiven angekauft werden. Daß die Bahn, wenn auch vorerst nur bis Brünn, gebaut werden sollte, stand nun fest, und auch die Traktionsart, nämlich Dampf, war beschlossene Sache. Fraglich war nur mehr, wer die notwendigen Lokomotiven liefern sollte. Lokomotivkäufe waren damals gar keine so einfache Sache. Es gab nur wenige Maschinenfabriken, die sich mit dem Lokomotivbau beschäftigten, und diese stellten bloß so geringe Stückzahlen her, daß mit längeren Lieferfristen gerechnet werden mußte, weshalb größere Aufträge am besten gleich an mehrere Lieferanten vergeben wurden.

In Österreich brauchte man nach geeigneten Fabriken gar nicht zu suchen. Die einzige Möglichkeit, solide und verläßliche Maschinen zu bekommen, schien in England zu sein. Dort hatte man ja schon einige Jahre Erfahrungen im Lokomotivbau. Neben der Stephenson Company waren noch einige andere Lokomotivkonstrukteure tätig: Jones, Turner & Evans und Tayleur & Co. in Warrington, Sharp & Roberts in Manchester, Longridge, Starbuck & Co. in Newcastle, George & John Rennie in London und Timothy Hackworth. In den Kreisen der Eisenbahnfachleute (falls es die damals überhaupt schon gab) war jedoch der Name Stephenson spätestens seit dem Lokomotiv-Wettrennen von Rainhill das Synonym für den englischen Dampflokbau schlechthin.

Erste Kontakte zwischen der Robert Stephenson Company in Newcastle-upon-Tyne und den österreichischen Bahnbauern gab es ja schon seit der ersten Erkundungsfahrt Franz Xaver Riepls nach England. Aus dieser Zeit stammt auch ein Brief, in dem die Stephenson Company ihre damals (1830) aktuellen Dampflokomotiven anpreist: vierrädrige mit einer Leistung zwischen acht und zehn Pferdestärken sowie einer

Höchstgeschwindigkeit von 12 bis 15 Meilen pro Stunde zu 600 Pfund das Stück, und sechsrädrige, deren Brauchbarkeit für Österreich von Stephenson allerdings selbst in Zweifel gezogen wurde, zu 640 Pfund.

Gegen Ende des Jahres 1836 entschlossen sich die Herren der Nordbahndirektion, der Firma Stephenson einen Auftrag über sechs Lokomotiven zu erteilen, vier für Personen- und zwei für Güterzüge. Der Transport der Dampfrösser war nicht weniger kompliziert als ihr Ankauf: Sie mußten, schon einmal zusammengesetzt, zerlegt und fein säuberlich in Kisten verpackt auf die Reise geschickt werden. Diese führte von England per Schiff nach Triest, von wo die Loks eine beschwerliche Fahrt auf Pferdefuhrwerken nach Wien antraten.

Die ersten beiden Maschinen, die im März 1837 an die Nordbahn geliefert wurden, waren die „Austria" und die „Moravia", beide von der Bauart 1A-n2. Der „Austria" wurde die Ehre zuteil, den Eröffnungszug auf der Strecke Floridsdorf – Deutsch Wagram zu ziehen. Die „Moravia" durfte den ersten Zug auf der neueröffneten Linie bis Brünn führen. Trotz des Privilegs, auf Österreichs Bahnstrecken die ersten gewesen zu sein, war den beiden Maschinen kein langes Eisenbahnerleben beschieden. Bereits 1841 wurden sie von der Hauptstrecke verbannt und versahen ihren Dienst auf der neuen Flügelbahn nach Stockerau. Schon zu Beginn des Jahres 1847 kam dann das endgültige Aus für die „Austria" und die „Moravia": Die k. k. Hofkanzlei, damals noch Eisenbahnaufsichtsbehörde,

Robert Stephenson an Professor Riepl:
Lokomotiven um 600 Pfund pro Stück

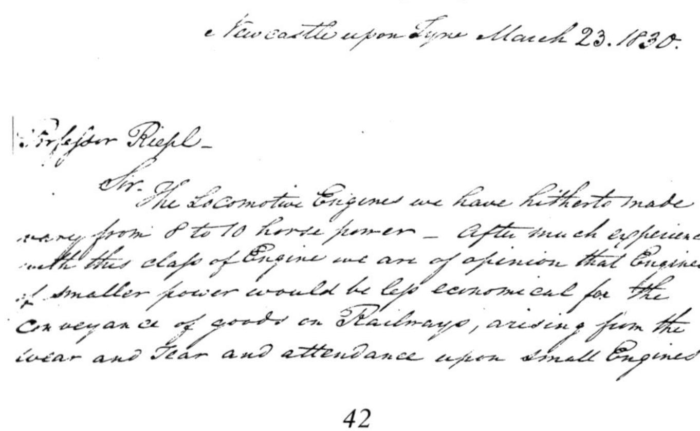
Newcastle upon Tyne March 23. 1830.

Professor Riepl –

Sir – The Locomotive Engines we have hitherto made vary from 8 to 10 horse power – After much experience with this class of Engine we are of opinion that Engines of smaller power would be less economical for the Conveyance of goods on Railways, arising from the wear and tear and attendance upon small Engines

verbot den Betrieb von Lokomotiven der Bauart 1A, nachdem in Frankreich eine Maschine dieses Typs ein verheerendes Unglück mit 55 Toten verursacht hatte.

Fünf Jahre lang standen dann die beiden Veteranen arbeitslos herum. Man dachte zunächst sogar an einen Umbau. Doch über das Planungsstadium kam man – wie so oft – nicht hinaus, und 1852 gingen die „Austria" und die „Moravia" den Weg allen Eisens: Sie wurden verschrottet.

Diese fünfzehn Dienstjahre waren freilich nur ein kurzes Dampflokleben; die Nachfahren schafften dann fünfzig und mehr Jahre, ehe sie ihre letzte Ruhe als Alteisen fanden. Erhalten ist von der „Austria" außer zeitgenössischen Bildern und einem verkleinerten Modell im Technischen Museum in Wien nichts; auf einer Briefmarke der österreichischen Postverwaltung anläßlich des Hundert-Jahr-Jubiläums im Jahre 1937 konnte man sie im Miniaturformat bestaunen.

Bewundern hingegen kann man heute noch die „Ajax" (B1-n2, erbaut 1841 von Jones, Turner & Evans in Warrington), die sich seit 1911 im österreichischen Eisenbahnmuseum befindet und die „Licaon" (1B-n2, erbaut 1851 von der Maschinenfabrik der Wien-Gloggnitzer Eisenbahn-Gesellschaft), die ihr Rentnerdasein eine Zeitlang als Denkmallokomotive auf dem Linzer Hauptbahnhof fristete, ehe sie 1985 dazu ausersehen wurde, anläßlich des 150-Jahr-Jubiläums vor Nostalgiezügen wieder aktiv in Erscheinung zu treten und dafür in der Hauptwerkstätte Knittelfeld der ÖBB fahrtüchtig gemacht wurde.

Die Nordbahn importierte allerdings nicht nur Lokomotiven, sie mußte auch das dazugehörige Personal, Maschinführer und Mechaniker, einführen. In Österreich verstand man nämlich damals nicht nur nichts vom Lokomotivbau, man konnte mit Loks auch im Fahrbetrieb nicht umgehen. Deshalb entsandte die Stephenson Company den Mechaniker John Baillie und zwei weitere Lokomotivführer sowie vier Monteure nach Österreich, um die Sache in Schwung zu bringen. Baillie sollte einheimische Eisenbahner „heranzüchten" und sie für den Fahrdienst ebenso wie für Reparaturen sowie den Eigenbau von Waggons ausbilden.

Da Baillie offensichtlich der einzige war, der ein umfassendes technisches Wissen besaß, was das Eisenbahnwesen an-

Das blieb von der „Austria“: Ein Modell im Technischen Museum

langte, machte ihn die Nordbahngesellschaft zu ihrem ersten Maschinendirektor. Und als solcher konnte er auch einen großen Erfolg für sich buchen. In der von ihm eingerichteten und geleiteten Werkstätte entstand die erste österreichische Eigenbaulokomotive, die stolz den Namen „Patria“ („Vaterland“) führen durfte; das war 1840. 22 Jahre lang, bis 1862, versah sie dann brav und treu Dienste für die Nordbahn.

In der alten Nordbahnwerkstatt wurde es dann bald zu eng. Als sie zu allem Überfluß noch abbrannte, übersiedelte man sie 1852 nach Floridsdorf. Dort wurden dann bis 1968 die Dampflokomotiven der ÖBB hauptausgebessert. Seither ist die Hauptwerkstätte Floridsdorf ausschließlich für die Reparatur aller Elektrotriebwagen zuständig.

Ehe die Nordbahn allerdings mit der „Patria“ ihre erste Eigenkonstruktion vorstellte, hatte sie bereits 1838 versucht, österreichischen Erfinder- und Pioniergeist wachzurufen. Sie

Lokomotive „Ajax" der KFNB auf dem Wiener Nordbahnhof (1908)

schrieb einen Wettbewerb für die erste in Österreich hergestellte Lokomotive aus. Die Resonanz war allerdings weniger als kümmerlich. Es meldeten sich nur ein gewisser Eduard Thomas aus Alt-Lieben bei Prag und der Welser Mechaniker Marquart. Beide konnten keine brauchbaren Konstruktionen liefern.

Trotz Baillies Erfolg mußte die Nordbahn natürlich weiterhin Lokomotiven importieren, aber nun kamen nicht allein die Engländer zum Zug: Die belgische Société John Cockerill aus Seraing durfte an die Nordbahn liefern, und einige Aufträge gingen an die amerikanische Lokfabrik William Norris in Philadelphia.

Alle Lokomotiven, die damals auf der Nordbahnstrecke verkehrten, erhielten zu ihrer Kennzeichnung Namen; Nummern oder gar einheitliche Serien- oder Reihennummern traten erst viel später auf. Die Namen entlehnte man entweder der griechischen und römischen Mythologie, oder man bemühte die latinisierte Form geographischer Bezeichnungen. Daher ging es zwischen Wien, Brünn, Olmütz und Krakau mit „Samson“, „Hercules“, „Vulcanus“, „Mercur“, „Vindobona“ und „Olomucia“ recht klassisch zu.

Daß die einzelnen Lokomotiven Namen trugen, war sicher kein Zufall. Es handelte sich ja durchwegs noch um in Handarbeit angefertigte Einzelstücke, von denen jedes einzelne, so ähnlich es auch dem anderen sein mochte, seine Individualität besaß. Die Maschinen wurden auch wie Individuen behandelt. Jeder war „ihr“ Lokführer zugeteilt, der sie auch zur Reparatur in die Werkstatt begleitete und selbst Hand anlegte. Lokumlaufpläne mit ständig wechselndem Personal wurden erst mit einem immer größer werdenden Streckennetz und Lokbestand notwendig. Und 1893 machte man endgültig mit der Namensgebung für Lokomotiven Schluß. Heute, bei rund 1500 Triebfahrzeugen im Bereich der ÖBB sowie den geltenden arbeits- und pensionsrechtlichen Vorschriften, würde man sich mit dem individuellen Gespann Mensch–Maschine auch wesentlich schwerer tun.

Gaudium zum Nulltarif

Kaum sieben Monate, nachdem der erste Spatenstich getan worden war, lagen die Schienen zwischen Floridsdorf und Deutsch Wagram, und man besaß auch Lokomotiven, die darauf fahren konnten. Die Direktion der Nordbahn hatte beschlossen, am 13. und 14. November 1837 Probefahrten durchzuführen. Sie wollte sich selbst noch einmal vergewissern, ob alles glattgehen würde, ehe man der Öffentlichkeit den ersten Streckenabschnitt präsentierte. Aus naheliegenden Gründen waren die verantwortlichen Herren nicht an allzuviel Aufhebens interessiert; daher wurde der Termin für diese Generalprobe geheimgehalten, besser gesagt, man versuchte ihn geheimzuhalten. Ein aussichtsloses Unterfangen allerdings, denkt man an die zahllosen Wäscherinnen, Näherinnen, Dienstmädchen und Lohnkutscher, die in Wien lebten. Denn irgend jemand hatte sicher etwas von der „Gnädigen" oder dem „gnä' Herrn" aufgeschnappt und brühwarm weitererzählt, streng vertraulich selbstverständlich. Und bis heute ist es ja in Wien die sicherste Garantie, eine Nachricht möglichst schnell weiterzuverbreiten, wenn man sie unter dem Siegel strengster Verschwiegenheit erzählt.

Eine Verbündete, die ganze Sache heimlich, still und leise über die Bühne gehen zu lassen, hatte die Nordbahn – man möchte es nicht glauben – in der Presse; allerdings nicht aus Entgegenkommen, sondern aus purer Ignoranz und Hochnäsigkeit. Die österreichischen Gazetten hatten den ganzen Rummel um die Eisenbahn bis dato mit keiner Silbe zur Kenntnis genommen. Sie waren viel zu sehr damit beschäftigt, ihre Leserschaft nicht über die neuesten Hofnachrichten im unklaren zu lassen und dem „werthen Publicum" mitzuteilen, welcher Reichsgraf sich wann mit der Baronesse von X. in der Hofburgkapelle zu vermählen die Ehre geben werde. Selbst der angesehene „Österreichische Beobachter" fand es nicht nötig, auch nur mit einem Wort auf den Bahnbau einzugehen. Was war denn das schon gegen die Ankunft eines preußischen Generals oder gegen den Tod des k. k. Leibschmiedes? Mit etwas so Profanem wie der Eisenbahn konnte man seine Leser nicht langweilen, das war wohl unter der Würde damaliger Journalisten. (Heute dagegen findet man allerdings kaum etwas, was unter der Würde eines Journalisten wäre.)

Diese Informationslücke war indes keineswegs so bedeutend, wie es uns heute erscheinen mag; vor hundertfünfzig Jahren war die Zeitung auf dem Frühstückstisch eher die Ausnahme als die Regel. Viel wichtiger war die Mundpropaganda – und die hatte gewirkt. Denn trotz Geheimhaltung und des tristen, regnerischen Herbstwetters hatte sich eine erkleckliche Anzahl Neugieriger in Floridsdorf „Am Spitz" eingefunden, um dem Ereignis der Saison beizuwohnen: der ersten Fahrt einer Dampflokomotive in Österreich!

An der Spitze des Zwei-Wagen-Zuges stand das „Locomotiv" – wahrscheinlich die bei Stephenson in Newcastle gebaute „Moravia" – unter Dampf. In erstaunlichen 21 Minuten legte sie die 13,3 Kilometer bis zum Streckenende in Deutsch Wagram zurück. Die Schaulustigen waren davon sichtlich beeindruckt, denn sie ließen es an Hurra-Rufen und Applaus nicht fehlen, und alle begeisterten sich an der „dahinfliegenden Caravane mit dem brausenden Dampfwagen an der Spitze".[14] Ja, das war etwas Einzigartiges, so etwas hatte man noch nicht erlebt. Und das Wichtigste: Man war dabeigewesen! Österreich war um eine Attraktion reicher.

Mit dieser inoffiziellen Probefahrt war es aber noch nicht getan, denn nun trat die hohe Obrigkeit auf den Plan, die sich mit eigenen Augen davon überzeugen wollte, ob die im Privilegium geforderte Meile tatsächlich betriebsbereit war und ob die Maschinisten ihre verantwortungsvolle Tätigkeit ordnungsgemäß erledigten. Als Termin für diese amtliche Inspektion vereinbarte man den 23. November 1837. Offizielle Einladungen an „distinguierte Personen" wurden ausgeschickt, um dem Ereignis den entsprechenden würdigen Rahmen zu geben.

Ganz Wien war auf den Beinen. Keiner, der auch nur ein bißchen Zeit erübrigen konnte, wollte sich das, was geboten werden sollte, entgehen lassen. Schon von weitem waren all die Equipagen, Kutschen und Kaleschen zu sehen, mit denen die

Erste Dampfwagenfahrt in Österreich:
21 Minuten von Floridsdorf bis Deutsch Wagram

Wiener High-Society und alles, was sich dazu zählte, angereist war, um dem Schauspiel beizuwohnen. Die weniger Begüterten hatten auch einen Fußmarsch nicht gescheut. Waren es vor zehn Tagen noch Hunderte gewesen, die sich um den Stationsplatz in Floridsdorf gedrängt hatten, waren es nun Tausende, die entlang der Strecke ein Spalier bildeten. So viele Menschen auf einmal hatte Floridsdorf noch nie gesehen, aber auch die meisten, die hierher gepilgert waren, sahen dieses kleine Dorf vor den Toren Wiens zum erstenmal. Wen verschlug es denn normalerweise schon hierher, jenseits der Donau, wo sich die Füchse gute Nacht sagten?

Am Morgen hatte es noch ganz so ausgesehen, als würde es ein typisch österreichisches Festtagswetter, wie zu Fronleichnam oder zu diversen Volksfesten, geben: regnerisch und kühl. Aber der Wettergott schien dann doch ein Einsehen zu haben und bescherte noch ein passables Eisenbahnwetter; „Kaiserwetter", wie an den Geburtstagen des späteren Kaisers Franz Joseph, konnte man gegen Ende November ja wirklich nicht mehr erwarten.

Die Herren der Nordbahndirektion hatten drei Fahrten vorgesehen: die erste um zehn Uhr vormittags, die nächste um zwölf Uhr und die letzte um zwei Uhr nachmittags. Das war notwendig geworden, da es mehr geladene Gäste als Plätze im Zug gab und man an diesem Festtag schließlich niemanden benachteiligen wollte. Die Vormittagsfahrt war der Crème de la crème vorbehalten, und die konnte sich sehen lassen; auch Erzherzog Karl war darunter. Der Napoleon-Bezwinger von anno 1809 zu Aspern war samt Nachwuchs, Erzherzogin Maria Carolina und Erzherzog Wilhelm, gekommen, um das technische Wunderwerk zu bestaunen. Vielleicht war es auch ein wenig Nostalgie – schließlich hatte der Erzherzog zu Wagram auch eine persönliche Beziehung: Dort hatte er vor mehr als achtundzwanzig Jahren gegen Napoleon eine gehörige Schlappe hinnehmen müssen.

Neben den allerhöchsten Herrschaften waren zahlreiche Fürstlichkeiten, Grafen, Freiherren und allerlei andere Honoratioren vertreten. Es wimmelte nur so von Hof- und Geheimen Räten, Landes- und Hofkammerpräsidenten, Kämmerern, kommandierenden und sonstigen Generälen. Sie alle nahmen in den acht Waggons, fünf erster und drei zweiter Klasse, ihrem Rang und Ansehen nach Platz und harrten der Dinge, die da kommen sollten. Dem Zug vorgespannt war die „Austria". Auf dem Führerstand wartete der englische Maschinist auf das Zeichen zur Abfahrt; nicht im mehr oder minder sauberen Blauzeug, sondern in Frack, Zylinder und mit weißen Glacéhandschuhen, ganz der feierlichen Bedeutung der Stunde angemessen.

Nach einem Böllerschuß, dem Abfahrtssignal, setzte sich der Zug langsam in Bewegung und verließ unter Jubel, Beifall und Hüteschwenken der Zaungäste den Stationsplatz. Nach 26 Minuten Fahrt erreichte man Deutsch Wagram. Das entsprach immerhin einer Geschwindigkeit von 30 Stundenkilometern. (Anno 1986 benötigt ein Personenzug für die gleiche Strecke ohne Halt zwischen 10 und 14 Minuten; dabei bringt er es auf 80 bis 100 km/h. Und die Wiener Schnellbahn, die diese Strecke hauptsächlich frequentiert, braucht trotz drei Zwischenstopps bloß 15 Minuten. Aber da liegen eben 150 Jahre dazwischen!)

Den Fahrgästen von damals erschien die Geschwindigkeit hoch genug, und ein Zeitgenosse schilderte, wie „der imposante Wagenzug unter dem Gebrause und Gerassel der arbeitenden Maschine mit Sturmwindeseile vorüberflog".[15]

Wie sich die Reisenden damals gefühlt haben mögen, kann man der ersten Eisenbahnreportage in der Geschichte des österreichischen Zeitungswesens entnehmen. Angesichts der Tragweite der Ereignisse – es war schließlich genug Prominenz anwesend – hatte die Presse doch ein Einsehen und widmete der Bahn einen Artikel. Allerdings war es keine Tageszeitung, sondern die von Adolf Bäuerle herausgegebene „Allgemeine Wiener Theaterzeitung", deren Hauptaugenmerk sich sonst vorwiegend auf Kunst, Theater und Literatur richtete. Die „Wiener Zeitung" brachte erst eine gute Woche später (!), am 2. Dezember, einen gekürzten Abdruck dieses Beitrages. „Reporter" war der bekannte k. k. Hofschauspieler am Wiener Burgtheater und Reiseschriftsteller Dr. Franz Carl Weidmann, dem wir außer mehreren Wander- und Reiseführern auch zahlreiche Berichte über Eisenbahn-Eröffnungsfahrten zu verdanken haben. Er machte die Fahrt nach Deutsch Wagram im zweiten Zug mit und schilderte sein Erlebnis so:

„Anfangs in mäßiger Geschwindigkeit, dann mit erhöhter Schnelle glitt der Zug dahin. Die Bewegung selbst ist für den Fahrenden von der angenehmsten Art. In den bequemen Sitzen ruhend, ohne die geringste Erschütterung, so daß man während der Fahrt bequem lesen kann, gewahrt man die außerordentliche Schnelligkeit nur an dem magischen Vorübergleiten der an der Bahn stehenden Zuschauer, welche wie in einer Laterna magica erscheinen und verschwinden."[16]

So wie Weidmann mochten viele empfunden haben, denn die Lust am Eisenbahnfahren erwachte, und die Nordbahn sah sich veranlaßt, weitere „Lustfahrten", wie man das damals nannte, zu veranstalten. Und auch für die hehre Kunst war die Eisenbahn plötzlich ein Thema. Komponisten wie Josef Lanner und Johann Strauß Vater widmeten ihr einen „Dampfwalzer" und den „Eisenbahn-Lustwalzer". Possenschreiber beglückten das „hochverehrliche Publikum" mit Stücken wie „Die Fahrt mit der Eisenbahn von Wagram oder der Bräutigam von Ödenburg" von Louis Grois, „Eisenbahnfahrt durch Kunstgefilde" eines gewissen Nikolaus Hölzel und „Die Fahrt auf der Eisenbahn von Wien nach Brünn" von V. Blum. Sogar Johann Nestroy bereicherte die Eisenbahnliteratur, dem Zeitgeist folgend, mit seinem Stück „Eisenbahnheiraten oder Wien, Neustadt, Brünn".

Eisenbahnvergnügen anno 1837:
Ein Personenzug der Kaiser-Ferdinands-Nordbahn

Das Bemerkenswerte an diesen Lustfahrten war nicht so sehr der große Erfolg, den die Gesellschaft damit erzielte, sondern die Tatsache, daß dieses Vergnügen keinen Kreuzer kostete. Einen regulären, kommerziell geführten Betrieb wollte man erst dann aufnehmen, wenn auch die Strecke bis Wien fertiggestellt und durchgehend befahren werden konnte. Ob Eisenbahnfahren wohl süchtig machte?

Der erste „Eisenbahn-Hof" in Wien

Lange sollte sich das Publikum allerdings nicht am Nulltarif erfreuen können. Es war nämlich schon absehbar, daß die Eisenbahn bald auch Wien erreichen würde: Die Strecke zwischen dem Stationsplatz in der Wiener Leopoldstadt und der Donau war so gut wie fertig, an der Donaubrücke für die Bahn wurde bereits gearbeitet. Die Nordbahngesellschaft hatte nämlich ihren ursprünglichen Plan, Wien und Floridsdorf mit einem Pferdebahnprovisorium zu verbinden, bald wieder fallengelassen, da diese Variante eine nicht unwesentliche finanzielle Belastung mit sich gebracht hätte. Zwar war die Anlage und der Betrieb einer Pferdebahn billiger als der einer Lokomotivbahn, bei den notwendigen Grundablösen wären aber Hindernisse aufgetreten. Die Nordbahn besaß aufgrund ihres Privilegiums das Recht, die für den Bahnbau benötigten Grundstücke gegen einen angemessenen Preis abzulösen. Die Grundeigentümer konnten dazu allerdings nur einmal verpflichtet werden. Hätte die Nordbahn nun von ihrem Recht schon beim Bau einer Pferdebahn Gebrauch gemacht, wäre sie bei einer späteren Umstellung auf Lokomotivbetrieb, der sicherlich eine Trassenänderung und damit weitere Grundstücksankäufe erfordert hätte, vor der unangenehmen Tatsache gestanden, daß der Grundbesitzer, in diesem Falle die Gutsherrschaft Klosterneuburg, den Preis diktieren konnte.

Aber auch ein zweiter Punkt sprach für einen sofortigen Ausbau der Strecke Wien–Floridsdorf. In der Leopoldstadt war zu äußerst günstigen Bedingungen ein Bauplatz angeboten worden, gerade recht für den geplanten Endbahnhof. Diese Okkasion ließ man sich nicht entgehen. Der durchgehende Betrieb der Nordbahn ab Wien war beschlossene Sache. Einziger Unsicherheitsfaktor war nur noch die Baubehörde, die sich bis dahin standhaft geweigert hatte, einer eigenen Eisenbahnbrücke über die Donau zuzustimmen, da sie eine Beeinträchtigung und Gefährdung der Schiffahrt fürchtete. Plötzlich schien diese Sorge aber nicht mehr berechtigt zu sein, und man erteilte den amtlichen Segen.

Die Ausführung der Holzbrücken war dem Baumeister Ueberlacher übertragen. Die Nordbahn mußte dafür zwar tief in die Tasche greifen und 80.000 Gulden auf den baumeisterlichen Tisch blättern, dafür erhielt sie aber prompte und erstklassige Arbeit als Gegenleistung. Zu Beginn des Jahres 1838 waren die Brücken fertiggestellt. Eigentlich waren sie ja nur als Provisorium bis zur Regulierung der Donau gedacht; aber bekanntlich ist in Wien nichts dauerhafter als ein Provisorium, und so ist es kaum verwunderlich, daß die Holzkonstruktionen noch 35 Jahre hindurch gute Dienste leisteten. Erst 1874 wurde nach der Donauregulierung und im Zuge einer Neutrassierung die neue, stählerne Nordbahnbrücke eröffnet.

Die Nordbahn hatte nun einen Bahnhof in Wien und Brücken über die Donau, dem durchgehenden Betrieb stand also nichts mehr im Wege. Die ersten Fahrten waren für den Dreikönigstag des Jahres 1838 vorgesehen. Überall in der Stadt hatte man Plakate affichieren lassen, um die geschätzten Interessenten auf die Streckeneröffnung aufmerksam zu machen sowie die vorläufige Fahrordnung und die Fahrpreise mitzuteilen. Soferne es die Witterung erlaubte, sollten täglich zwei, an Sonn- und Feiertagen sogar drei Züge verkehren.

Der 6. Jänner war ein kalter, schöner Wintertag. Scharen fahr- und schaulustiger Wiener zogen durch die Praterstraße, die damals noch Jägerzeile hieß, zum Nordbahnhof. Dort wartete schon der erste Zug – die „Moravia“ mit zehn Personenwagen – auf die Fahrgäste. Und die fanden sich auch schon bald ein, immerhin 218 an der Zahl. Sie waren die ersten, die sich den Spaß einer Eisenbahnfahrt teuer erkaufen mußten; vorbei war es mit dem Gratisfahrt-Vergnügen.

Für den Kartenverkauf hatte die Nordbahn eigens ein Lokal an der Ecke Wollzeile–Rotenturmstraße eingerichtet. Ein regelmäßiger Stellwagenverkehr besorgte die Verbindung zum „Wiener Eisenbahn-Hof“ in der Leopoldstadt. Obwohl der Fahrpreis nicht gerade niedrig war, herrschte ein großes „G'riß“ um die Fahrkarten. Wollte man nicht leer ausgehen, war es ratsam, schon einige Tage vor der Fahrt die heißersehnten Billetts im „Stadtbureau“ der Nordbahngesellschaft zu er-

Hölzerner Brückenschlag über die noch nicht regulierte Donau

stehen. 50 Kreuzer mußte man für einen Platz in der I., 30 für einen in der II. und 15 Kreuzer für eine Fahrgelegenheit in der III. Klasse auslegen, wahrlich kein Pappenstiel, denn für 50 Kreuzer konnte man, anstatt nach Wagram zu fahren, gut und gerne 50 Hühnereier kaufen. (Heute müßte man für die Fahrt Wien Nord – Deutsch Wagram und retour in der I. Klasse – so dies überhaupt möglich ist – die Österreichischen Bundesbahnen mit 84 Schilling unterstützen; dafür bekommt man auch beim Diskonter keine 50 Eier, aber teuer genug ist es allemal.)

Die 218 Neugierigen hatten also ihre Plätze in diesem ersten öffentlichen Personenzug Österreichs eingenommen. Um ganz sicherzugehen – immerhin war es ja Winter, und der englischen Importmaschine traute man vielleicht auch nicht ganz –, hatte man ans Zugende noch eine zweite Lokomotive, die „Hercules" gehängt, „um bei eventuellem Schneefall in der Fahrt nicht gehemmt zu sein".[17] Aber es gab keine Schwierigkeiten bei dieser ersten Fahrt, alle waren begeistert, und ein Augenzeuge schildert euphorisch, wie „der lange Wagenzug mit den dampfenden weithin ihre Rauchwolken entsendenden Lokomotiven majestätisch dahinflog".[18] Die gutgelaunte Reisegesellschaft langte 40 Minuten später in Deutsch Wagram ein, wo sie die nächste Überraschung erwartete.

Premiere auf der Nordbahn:
Eröffnungszug am 6. Jänner 1838 in Deutsch Wagram

Ein gewisser Herr Weißenberger, selbst Wiener und langgedienter Kaffeesieder und somit mit dem Seelenleben seiner Mitbürger wohlvertraut, hatte erkannt, daß ohne Speis und Trank auch die größte Attraktion nur eine halbe Sache ist. Was lag also näher, als den (heimlichen) Wünschen zu willfahren? Und so kredenzte er den in Wagram ankommenden Fahrgästen allerlei Getränke und kulinarische Kleinigkeiten. Damit war beiden gedient; das Publikum hatte neben der Hetz auch etwas zwischen den Zähnen, und Herr Weißenberger war um etliche Gulden reicher. Weißenberger wurde somit mit seiner ersten österreichischen Bahnhofsrestauration zum Ahnherrn aller gastronomischen Lokalitäten auf Österreichs Bahnhöfen, vom einfachen Stehbuffet bis zum Möchtegern-Drei-Sterne-Restaurant.

Die Fahrgäste sprachen dem Weißenbergerschen Angebot kräftig zu. Mit neuer Energie ging's zurück nach Wien, sogar um sechs Minuten schneller als bei der Hinfahrt. Damit war aber der Spaß auch schon vorüber, denn bei der Ankunft in Wien waren die Reisenden abermals Premierengäste: Sie hatten das durchaus zweifelhafte Vergnügen, beim ersten Eisenbahnunfall, den die österreichische Geschichte verzeichnet,

35 Jahre später:
Bahnhof Deutsch Wagram 1873

dabeizusein. Bei der Einfahrt in den Bahnhof konnte der Lokomotivführer sein Gefährt nicht schnell genug zum Stillstand bringen, und so fuhr der Zug über die Gleisenden, an denen damals noch keine Prellböcke angebracht waren, einfach hinaus. (Prellböcke hätten wahrscheinlich auch nicht allzu viel genützt, wie uns im August 1981 ein Lokführer auf der Ostbahn bewies, als er den morgendlichen Regionalzug mit Wien-Pendlern auf den Ost-Gleisen des Wiener Südbahnhofes nicht rechtzeitig bremste und dabei sogar den Betonprellbock um ein gutes Stück verschob.) Verletzte gab es 1838 zum Glück keine, aber es dauerte fast eine Ewigkeit, ehe die in solchen Dingen noch ungeübten Eisenbahner die fast unbeschädigte Lokomotive wieder aufgegleist hatten.

Aber diese wenig erfreuliche Begebenheit konnte die Euphorie und die Begeisterung des Publikums für die Eisenbahn nicht bremsen. Auch an den folgenden beiden Tagen, an denen die Fahrten fortgesetzt wurden, ehe der überaus strenge Winter dem Vergnügen ein Ende bereitete, setzte ein Massenansturm auf die Nordbahn ein. Vom 6. bis zum 8. Jänner hatten 2393 Fahrgäste Österreichs erste Dampfeisenbahn frequentiert.[19]

Für diese Lustfahrten galten ganz bestimmte Spielregeln,

über deren Einhaltung die Kondukteure zu wachen hatten. So war etwa „das Tabakrauchen in den Wagen erster Classe nicht gestattet", während es in der zweiten und dritten erlaubt war, allerdings nur dann, „wenn keine in derselben Wagenabtheilung befindliche Person dagegen etwas einwendet". Auch wurde ersucht, „dafür Sorge zu tragen, daß die Wagen hiedurch nicht beschädigt und beschmutzt werden". Das Abfahrtsritual war ebenfalls genau festgelegt: „Die Herren Passagiere werden ersucht, sich wenigstens eine Viertelstunde vor der bestimmten Abfahrtszeit am Bahnhofe einzufinden, das gelöste Billet bey Eintritt in denselben vorzuweisen . . . mit dem ersten Glockenzeichen sich auf die bestimmten Plätze zu begeben, nach dem zweyten die Billets bereit zu halten, um sie dem abfordernden Conducteur einzuhändigen, wonach Niemandem mehr gestattet werden kann, in einen Wagen einzusteigen. Bey dem dritten Glockenzeichen setzt sich der Train in Bewegung." Und während der Fahrt wurde es „auf das Nachdrücklichste jedem der Herrn Passagiere empfohlen, sich . . . nicht aus dem Wagen zu lehnen, den Wagen nicht eher zu verlassen, bis der Conducteur denselben öffnet . . . Maßregeln, welche notwendig sind, um zufälligen Ereignissen zu begegnen".[20]

Daß es einen Unfall wie am 6. Jänner geben könnte, mochten die Techniker der Nordbahn vorausgesehen haben, denn bei der Anlage des Wiener Bahnhofes war darauf Bedacht genommen worden. Die Endstation der Nordbahn lag auf der sogenannten „Praterterrasse", einer Insel zwischen dem Wiener Wasser (dort, wo sich seit der Donauregulierung der Donaukanal befindet) und dem Kaiserwasser (das zum größten Teil zugeschüttet wurde und heute nur mehr in kümmerlichen Resten existiert). Wegen dieser exponierten Lage unmittelbar an den Donauarmen war es notwendig, den Bahnhof vor Hochwasser und Überschwemmungen, die damals vor allem zur Zeit der Schneeschmelze häufig auftraten, zu schützen. Man schüttete also einen rund vier Meter hohen Damm auf und errichtete darauf die Gleisanlagen: So entstand ein Bahnhof in Hochlage. Hinaus auf die freie Strecke führten die Geleise mit einem leichten Gefälle, und das hatte nach Ansicht der Ingenieure seinen guten Grund. Bei der Ausfahrt aus dem Bahnhof ging es also mäßig bergab, und so meinte man die Züge leichter in Fahrt zu bringen, bei der Einfahrt hingegen bergauf, und das sollte

Idylle aus der Anfangszeit: Der „Eisenbahn-Hof" von Wien

die Züge sicherer zum Stillstand bringen. Genützt hatte es nicht, wie man sieht, aber noch mehrere Jahrzehnte hindurch wurden viele Bahnhöfe so angelegt.

Für zahlreiche später entstandene Bahnhöfe Vorbild, stand der Wiener Nordbahnhof selbst ohne solches da. Leicht hatte man es also bei seiner Erbauung nicht; wer wußte denn schon genau, worauf man besonders achten müsse, wie groß das Verkehrsaufkommen in den folgenden Jahren sein würde und welche Dimensionen demnach angebracht waren? Sicher war nur: Auf dem Bahnhof sollten Passagiere und Gepäck abgefertigt, Lokomotiven und Waggons gewartet, repariert und hinterstellt werden. Man brauchte also unbedingt ein Aufnahmsgebäude mit Kassen und Warteräumen für die Reisenden, Magazine für Gepäck und Frachtgut sowie Remisen, Schuppen und Werkstätten für das rollende Material. Alle diese Gebäude wurden so angeordnet, daß ein rechteckiger Hof (ein „Dreiseiter") entstand, der „Eisenbahn-Hof", wie man ihn nannte.

Der Entwurf Anton Jünglings war ganz im Stil der damals in Mitteleuropa vorherrschenden Klassizistik gehalten. Mittelpunkt der Anlage war das dreigeschossige Aufnahmsgebäude, das mit der Straßenfront zur Forstmeisterallee gelegen war. Es beherbergte die Personenkassa und, streng nach Klassen getrennt, die Wartesäle, für jede Klasse einen. Da die Geleise etwa vier Meter höher als das Straßenniveau lagen, blieb es den Reisenden nicht erspart, Stiegen zu steigen: Über eine Treppe gelangte man ins erste Obergeschoß des Aufnahmsgebäudes, von wo man den Perron betreten konnte. Um Drängeleien zu vermeiden und den „Fahrgastfluß" zu beschleunigen, hatte man sich eine „Einbahnregelung" einfallen lassen. Der Stiegenaufgang im Abfertigungsgebäude war den Abreisenden vorbehalten, während sich die ankommenden Reisenden über eine Treppe im Gütermagazin ins Freie stehlen mußten. Neben den Räumlichkeiten für die Passagiere waren im Hauptgebäude noch die Platz- und Gebäudeinspektion, das Büro des Expeditleiters und – im Vormärz von wesentlicher Bedeutung – das „Bureau der k. k. Polizeibehörde" untergebracht.

Unmittelbar neben dem Aufnahmsgebäude schloß sich an der Querseite das Magazinsgebäude an, welches das Bahngelände an der Hinterseite abschloß. Auch für den Güterverkehr hatte man sich ein ausgeklügeltes System ausgedacht. Die Güterwagen wurden über Drehscheiben direkt ins Magazin geschafft, wo sie entladen oder mit den bereitstehenden Gütern beladen wurden. Hier walteten auch die Organe der k. k. Zollbehörde ihres Amtes und nahmen alle ankommenden oder abgehenden Frachtstücke genau unter die ärarische Lupe, damit nur ja keine Konterbande den Bahnhof verlassen konnte. Um die Waren ins Obergeschoß, wo die Waggons warteten, zu bringen, bediente man sich zweier Kräne, die auf einer Terrasse montiert waren. Mit ihrer Hilfe konnte man die Fuhrwerke, die unten auf der Straße standen, bequem ent- oder beladen. Man war erfindungsreich, und mit Stolz konnte man darauf verweisen, daß der Wiener Nordbahnhof – sicher nicht zuletzt wegen seiner Güterabteilung – als „eine der größten und besten Anlagen des Kontinents"[21] bewundert wurde.

An der Längsseite gegenüber dem Aufnahmsgebäude befanden sich die Wagenremisen, die 40 Personenwaggons aufnehmen konnten, die Sattlerei, die Schmiede und die Lokomotivremise. Sie bot zwölf Dampfrössern Platz, die nach den Strapazen des Tages ausruhen und auf den nächsten Einsatz warten konnten; aber auch kleine Reparatur- und Ausbesserungsarbeiten wurden hier bewerkstelligt. An der anderen Querseite, wo die Bahnhofsgeleise in die beiden Streckengeleise münde-ten, waren Heizhaus, Kohlenmagazin und Wasserturm untergebracht. Hier wurden die Maschinen vor der Abfahrt mit Kohle und Wasser versorgt und vorgeheizt sowie die von der

Reise zurückgekehrten Lokomotiven gereinigt. Im Heizhaus konnten gleichzeitig jeweils vier Maschinen versorgt werden.

Alle diese Gebäudegruppen – Aufnahmsgebäude, Magazin, Werkstätten und Heizhaus – umschlossen ein Areal von rund zweieinhalb Hektar; hier waren fast zwei Kilometer Schienen verlegt, zehn Weichen und 26 Drehscheiben verbanden die Geleise untereinander, von denen es im Bahnhofsbereich sechs gab: je eines für ankommende und zur Abfahrt bereitstehende Personenzüge (sie lagen neben dem Aufnahmsgebäude), zwei für die Güterzüge (sie lagen in der Mitte und führten zum Magazinstrakt) und zwei für Rangierfahrten und zum Bereitstellen für Waggons und Lokomotiven (sie verliefen vor den Remisen- und Werkstättengebäuden).

So großzügig und perfekt die Planung und Ausführung der Bahnhofsanlagen erschienen war, wurde es doch bald eng, als vor allem der Güterverkehr rascher als erwartet zunahm. Bereits 1840, also zwei Jahre nach der Fertigstellung, begann man mit dem Umbau des Bahnhofes, der eine Vergrößerung der Werkstätten und Remisen sowie die Anlage eines eigenen Güterbahnhofes umfaßte. Zwölf Jahre hatte man mit Um- und Neubauten zu tun, erst 1852 waren die Arbeiten beendet.

Aber nicht für lange, denn die Entwicklung des Eisenbahnwesens war wesentlich rascher vor sich gegangen als die handwerkliche, und so blieb nichts anderes übrig, als 1858 nochmals die Bauwirtschaft zu beschäftigen. Der württembergische Architekt Theodor Hoffmann bescherte der Nordbahngesellschaft ein Bahnhofsbauwerk im maurischen Stil: eine monumentale Fassade zur Straße hin, wuchtige Eckblöcke mit zahlreichen verspielten Türmchen und eine alles überspannende Hallenkonstruktion mit spitzbogigen Eisenträgern. Der neue Nordbahnhof war auch kein Kopfbahnhof mehr, da ja bereits die Verbindungsbahn zum Südbahnhof existierte; verkehrstechnisch gesehen, handelte es sich beim Neubau um einen Durchgangsbahnhof. Als er 1865 dann in vollem Glanz erstrahlte, galt er als das prunkvollste Bahnhofsgebäude in Wien. Genau für hundert Jahre. Weltkriegsschäden und Schäden im politischen Gefüge machten ihm dann den Garaus. 1965 wurde der alte Nordbahnhof vor dem Hintergrund des neuerrichteten Schnellbahnhofes „Praterstern“ geschleift.

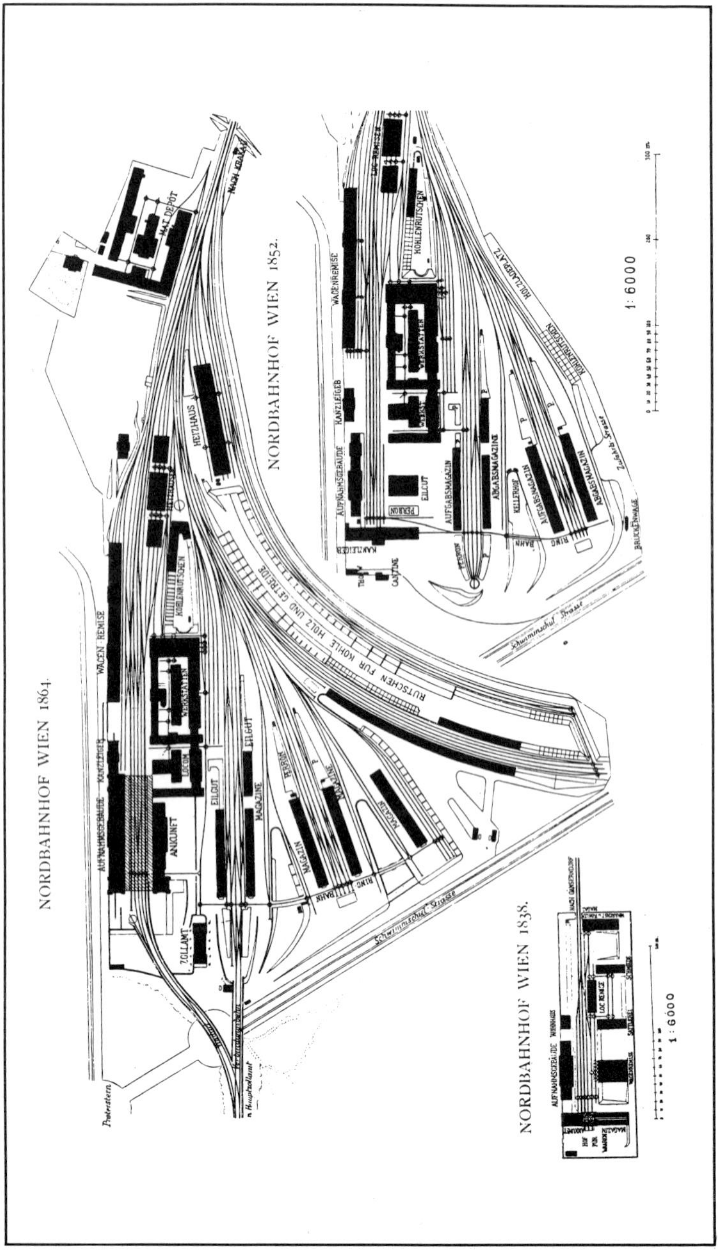
NORDBAHNHOF WIEN 1864.
NORDBAHNHOF WIEN 1852.
NORDBAHNHOF WIEN 1838.
1:6000
1:6000
RUTSCHEN FUR KOHLE HOLZ UND GETREIDE
HEIZHAUS
WAGEN REMISE
ZOLLAMT
ANKUNFT
EILGUT
MAGAZINE
AUFGABSMAGAZIN
ABGABSMAGAZIN
HOLZLADEPLATZ
NACH KRAKAU
Schwimmschul Strasse

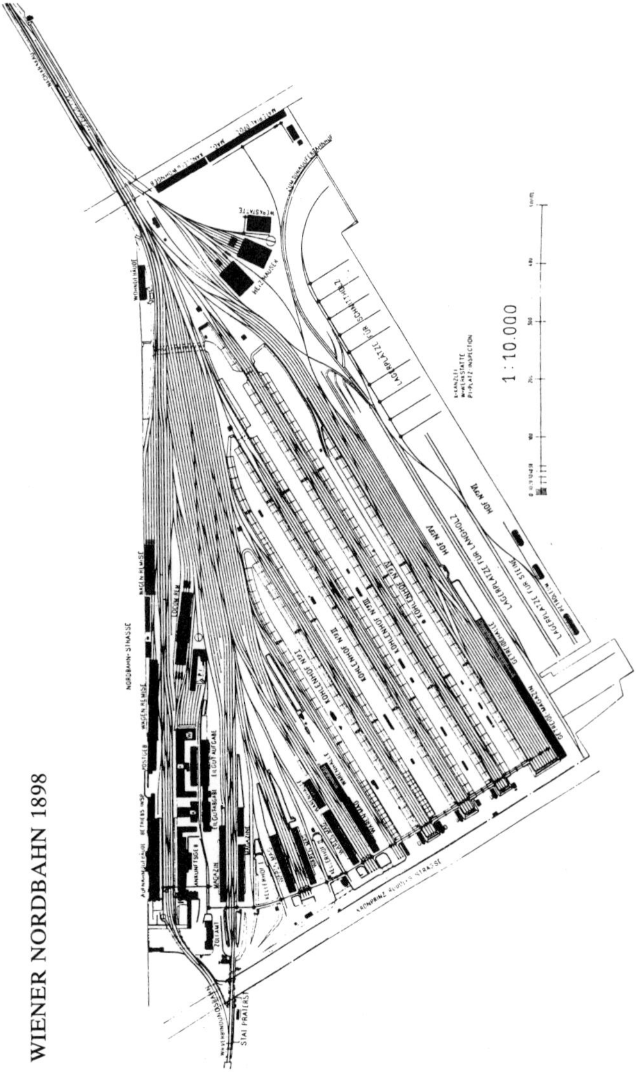

WIENER NORDBAHN 1898

Mordbahn statt Nordbahn

Die „Eisenbahn-Lustfahrten“ zwischen Wien und Wagram waren wegen Kälte und Schnee zwar eingestellt worden, die Arbeiter jedoch durften sich keine Pause gönnen. An Erdarbeiten oder Schienenverlegungen war bei diesem Wetter nicht zu denken, aber es gab ohnehin genug anderes zu tun: Waggons mußten gebaut, Schienen und Werkzeug bei den heimischen Eisenwerken bestellt und angefertigt werden. Gleich zu Frühlingsbeginn, als die Erde nicht mehr gefroren war, sollten die Arbeiten auf der Strecke weitergehen. Bis Brünn waren es noch gut und gern 130 Kilometer, von der Hauptstrecke nach Galizien gar nicht erst zu reden. Und die Zeit drängte, denn dem ungeduldigen Publikum schritt der Bau ohnedies viel zu langsam voran.

Im April hatten die Bauarbeiter der Firma Klein ihr Baulos beendet; die Schienen lagen bis Gänserndorf. Der nächste Abschnitt bis Lundenburg lag in den Händen von Felice Talachini, der die Arbeiten vor allem mit seinen – wie ein Zeitgenosse meinte – „genügsamen“ italienischen Landsleuten vorantrieb. Gastarbeiter gab es also schon damals, Probleme mit ihnen offensichtlich keine. Vielleicht sind uns unsere Gastarbeiter heute gar zu wenig „genügsam“?! Talachini hatte mit seiner Beschäftigungspolitik jedenfalls Erfolg, denn auch zehn Jahre später verdiente er beim Bau der Semmeringbahn kräftig mit.

Bald hatten die Bautrupps die niederösterreichisch-mährische Grenze erreicht. Am 6. Juni ging der erste planmäßige Zug von Wien nach Lundenburg ab. Trotz strömenden Regens und der frühen Abfahrtszeit um halb sieben Uhr morgens hatten sich zahlreiche Reiselustige eingefunden. In Lundenburg bereitete ihnen die Landbevölkerung und aus der Umgebung herbeigeeilte Zaungäste einen überschwenglichen Empfang mit Tanz und Musik. Im Volksfesttaumel feierte die mährische Grenzstadt ihren Anschluß ans Bahnnetz.

Lundenburg war der erste größere Bahnknotenpunkt der

Erinnerung an die Semmeringbahn:
Der 637 Meter lange Viadukt von Brünn

Nordbahn; hier verzweigten sich die Hauptstrecke in Richtung Nordosten und die Flügelbahn nach Brünn.

Von Rabensburg an, nur wenige Kilometer vor Lundenburg gelegen, führte Oberingenieur Karl Ghega – den „Ritter von" sollte er sich erst mit dem Kunststück der Semmeringbahn verdienen – die Bauleitung; gemeinsam mit acht Ingenieuren und 16 Bahnaufsehern wachte er über die Arbeiten auf der Strecke, an denen mehr als 14.000 Menschen beteiligt waren. Wie schon zwischen Wien und Rabensburg teilten sich auch hier die beiden Unternehmer Klein und Talachini brüderlich das Geschäft. Im Gegensatz zum ersten Bauabschnitt, der eigentlich – dank der vorausschauenden Trassenwahl entlang der March – keine nennenswerten Schwierigkeiten geboten hatte, wurden Ghegas Mannen nun mit wesentlich ungünstigeren Verhältnissen konfrontiert. Nicht nur der Boden machte ihnen zu schaffen; die Natur setzte auch Hindernisse in Form von Flußläufen entgegen: knapp vor Lundenburg mußte die Thaya, bei Raigern und bei Brünn die Schwarzawa (Svratka) überwunden werden. Nach den Plänen Ghegas entstanden Jochbrücken, und vor Brünn setzte Ghega sein „Markenzeichen", nämlich einen 637 Meter langen, steinernen Viadukt mit 72 Bögen; in gleicher Weise, wie er Jahre später die zahlreichen Talübergänge auf der Semmeringstrecke überwinden sollte.

Ghega hatte aber nicht nur die Bauleitung für die Strecke nach Brünn inne, er mußte sich auch gleichzeitig um die Verlängerung der Bahn in Richtung Prerau, um die eigentliche Hauptstrecke also, kümmern. Und auch dort werkten schon in bewährter Manier Kleins und Talachinis Bauarbeiter.

Welche Leistung Ingenieure und Arbeiter vollbracht hatten, kann man ermessen, wenn man an die nur relativ kurze Bauzeit denkt. Noch am 6. April 1837 war kein Stein, kein Ziegel für den Bau vorbereitet, von der Bahn noch keine Spur zu sehen. Und nur anderthalb Jahre später, im November 1838, war die 144 Kilometer lange Strecke im wesentlichen fertig. Schwierigkeiten gab es nur – wieder einmal – wegen der Schienen, von denen zu wenige geliefert wurden. Die Eisenwerke kamen mit der Fertigung nicht nach – Wunschträume unserer Stahlindustrie –, und so mußte die Eröffnung der Strecke Wien–Brünn, die eigentlich schon 1838 möglich gewesen wäre, verschoben werden.

Die örtlichen Honoratioren begnügten sich mit einer „kleinen Eröffnung" und weihten den Abschnitt Raigern–Brünn am 15. Dezember im Beisein der Brünner Hautevolee ein. Die „Moravia" war die erste Lokomotive, die man in Brünn bewundern konnte. Ernst wurde es dann am 7. Juli 1839, einem Sonntag. Schon Tage zuvor war das Stadtbüro der Nordbahngesellschaft förmlich belagert worden, so groß war das Interesse an der offiziellen Eröffnungsfahrt. Auch auf dem Wiener Nordbahnhof herrschte reges Treiben, und es stand fest, daß die vier Züge, insgesamt 38 Personenwaggons mit über tausend Plätzen, für all die Neugierigen nicht ausreichend Platz bieten konnten.

Der erste Zug, gezogen von der festlich geschmückten „Saturn", langte nach etwas mehr als vier Stunden Fahrzeit in der mährischen Hauptstadt ein. Die übrigen drei Garnituren mit der „Bruna", der „Gigant" und der „Bucephalus" kamen in jeweils Fünf-Minuten-Abständen in Brünn an.

Die Gemeinde Brünn hatte dem feierlichen Anlaß Rechnung getragen und war samt Bürgermeister Ritschel zum Empfang der Festgäste ausgerückt. Dann bat man zum Bankett in den Redoutensaal. Dort wurde nun getafelt und gezecht, daß es nur so eine Freude war, und in ausgelassener Stimmung begoß man das Wunderwerk der Technik. Gute fünf Stunden verbrachte die beschwingte Reisegesellschaft als Gäste der Stadt, ehe man gegen halb fünf Uhr nachmittags zum Aufbruch blies. Die Rückfahrt stand allerdings – ebenso wie jene nach der Eröffnungsfahrt nach Deutsch Wagram – unter keinem guten Stern, denn sie war, wie man dem niederösterreichischen Regierungspräsidenten Freiherrn von Talatzko tags darauf berichtete, „leider aber kein Jubel, sondern vielmehr ein Jammerzug, denn sie lief nicht ohne einem großen Unglück ab".[22]

Und das kam so: In den ersten Betriebsjahren gab es auf der Nordbahn noch keine Signale oder andere Sicherungsanlagen. Das schien bei den äußerst dürftigen Fahrplänen – es gab nur zwei Fahrten pro Tag – auch nicht notwendig zu sein. Und wenn schon einmal Züge unmittelbar aufeinander folgten, wie zum Beispiel bei jener Eröffnungsfahrt, dann mußte ein Raum- oder Zeitabstand eingehalten oder auf Sicht gefahren werden. Das wurde nun den Premierengästen zum Verhängnis.

Für die Rückfahrt nach Wien hatte man einen Raumabstand von einer halben Meile (etwa 3,8 Kilometer) oder eine Zugfolge von acht Minuten verordnet. Aber was nützten die besten Vorkehrungen, wenn sich die Verantwortlichen nicht daran hielten? In diesem Fall war es der englische Lokomotivführer John Williams, der Raumabstand Raumabstand sein ließ und munter darauf losfuhr. In der Station Branowitz, auf halbem Weg zwischen Brünn und Lundenburg, kam es zur Katastrophe. Der vor Williams abgelassene zweite Zug stand wegen eines Gebrechens noch in der Haltestelle, und der zu knapp darauf folgende Zug mit der „Gigant" an der Spitze konnte nicht mehr rechtzeitig anhalten. Die Lokomotive bohrte sich mit solcher Wucht in die beiden letzten Wagen der stehenden Garnitur, daß sie „im strengsten Sinne des Wortes zerschmettert wurden".[23]

Ein Augenzeuge schilderte den Vorfall so: „Die Erschütterung war so groß, daß sie sich augenblicklich sämtlichen Wägen der zwei vorderen Trains mittheilte, und sogar ein im ersten Zug sitzender Hofrath, welcher gerade den Kopf zum Fenster hinausstreckte, eine tüchtige Contusion am Kienbacken erhielt, daß er eine ansehnliche Beule nach Wien mitbrachte."[24] „Die Bestürzung, welche die ganze Gesellschaft ergriff, wich sogleich der regsten Thätigkeit für die Verwundeten. Glücklicherweise befanden sich unter den Mitfahrenden Ärzte, welche den Verunglückten schnell ihren Beistand boten. Das Benehmen der übrigen Gesellschaft war musterhaft in Berücksichtigung des ersten überraschenden Eindruckes, den ein Ereignis erzeugen mußte, welches in so schneidendem Gegensatze zur Stimmung des Tages stand. Ruhe und vollkommene Ordnung herrschte und selbst die Resignation der Verunglückten war von der rührendsten Art."[25]

Der größte Teil der Schuld an diesem folgenschweren Unfall lag sicher beim englischen Maschinisten Williams. Cajetan Felder, damals noch junger Jurist und sozusagen auf „Dienstreise" in Brünn, meinte in seinen „Erinnerungen eines Wiener Bürgermeisters" später, daß Williams vielleicht alkoholisiert gewesen sei: „. . . die Lokführer waren reichlich, vielleicht sogar zu reichlich bewirtet worden . . ."[26] Aber auch der Stationschef von Branowitz war nicht ganz unbeteiligt. Da der Bahnhof ja Ausweichgeleise hatte, hätte er nach dem Defekt des in der Station haltenden Zuges die Weichen stellen und so die folgenden Züge umleiten müssen. Seine Unterlassung steht damit an der Spitze der verhängnisvollen Kette von Ereignissen, die man auf „menschliches Versagen" zurückführt und die das Eisenbahnwesen bis heute wie ein Schatten begleitet.

Nach dem wenig erfreulichen Ausgang der Ersttagsfahrt nach Brünn notierte der Staatskanzler Metternich in seinem Tagebuch, daß die Nordbahn eigentlich Mordbahn heißen müsse, und in seinen „Publikationen, die Kaiser Ferdinands-Nordbahn betreffend" ätzte der dichtende Hofrat Franz Grillparzer: „Der für die Vervollkommnung ihrer Anstalt unablässig bemühten Direktion der Kaiser Ferdinands Nordbahn ist es endlich gelungen, als technischen Leiter den berühmten englischen Lokomotivführer zu gewinnen, der bei der Eröffnung der Birminghamer Eisenbahn den damaligen Handelsminister niedergeführt hat."[27]

Die Wonne, mit der Eisenbahn zu reisen . . .

Der Unfall von Branowitz hatte natürlich weiterreichende Folgen als die Spötteleien Grillparzers. Die Hofkanzlei fühlte sich bemüßigt, ihre Autorität zu beweisen und ordnete die strengste Bestrafung aller Schuldigen und ihre sofortige Entlassung aus dem Dienst an. Damit aber nicht genug. Ein verbindliches Vorschriftenwerk für den Eisenbahnverkehr mußte her! So schritt man von Amts wegen an die Erstellung dieses „systematisch bearbeiteten Reglements", das die bis dahin geltenden Instruktionen und „zerstreuten Weisungen" der Nordbahn ersetzen sollte. Bei aufeinanderfolgenden Zügen wurde ein Mindestzeitabstand von einer halben Stunde festgelegt und die Höchstgeschwindigkeit für Personenzüge mit fünf Meilen pro Stunde (38 km/h) begrenzt. Außerdem mußte außer Lokomotivführer, Heizer und Kondukteur noch eine „als vollkommen sachkundig bewährte Person, die immer gegen den Wagentrain gewendet ihren Sitz auf der Maschine einzunehmen hatte" mitfahren, um die Verständigung zwischen Schaffner und Lokführer zu erleichtern. Dieses Reglement wurde schließlich zum allgemeingültigen Polizeigesetz für die österreichischen Eisenbahnen, und man kann es als Vorläufer der Eisenbahnbetriebsordnung aus dem Jahre 1851 ansehen.

Trotz aller Vorkehrungen, die darauf abzielten, Unfälle in Hinkunft zu vermeiden, war das Vertrauen in die Bahn erschüttert, und das Interesse an Bahnreisen schien nach den Ereignissen von Branowitz schlagartig zu erlahmen. Das zeigten auch die sinkenden Passagierzahlen recht deutlich: Waren im Juli 1839 noch 17.592 Reisende nach Brünn gezählt worden, so sank die Zahl im August schlagartig auf 9451 Passagiere.[28] Auch auf den kürzeren Strecken machte sich der Fahrgastschwund deutlich bemerkbar. Im Mai 1839 (also vor dem Branowitzer Unfall) reisten noch 10.394 Menschen nach Wagram und 9513 nach Gänserndorf. Im Juli, dem Unglücksmonat, wa-

Fallstudie für die Klassengesellschaft: Personenwagen der Nordbahn anno 1839

ren es nur mehr 1857 bzw. 3856. Cajetan Felder erinnert sich in seinen Aufzeichnungen: „Wer nicht absolut mußte, reiste noch einige Zeit danach nicht per Eisenbahn . . .“[29]

Ein wirkliches Vergnügen war das Bahnfahren damals, besonders auf längeren Strecken, wahrlich noch nicht. Es war eher ein Abenteuer. Der größte Vorteil einer Bahnreise lag na-

Bis in die Gegenwart gerettet: Bahnhof Gänserndorf um 1873

türlich in der Zeitersparnis: Auf der Nordbahn legte man die Strecke nach Brünn im Durchschnitt in fünf Stunden zurück, mit der Eilpost mußte man etwa mit der dreifachen Zeit rechnen. Während dieser fünf Stunden rumpelte der Zug dann mit 30 bis 40 Stundenkilometern dahin und rüttelte die Passagiere gehörig durch. Erst später, zu Beginn der fünfziger Jahre, näherte man sich einem Tempo von 50 Kilometern in der Stunde.

Ihrer Finanzkraft entsprechend, waren die Reisenden in ihren Waggons der Klasse I bis IV richtiggehend eingesperrt, denn damals konnten die Türen der Personenwaggons nur von außen geöffnet werden. Erst ein „Circulare" der niederösterreichischen Landesregierung vom 10. Juni 1842 schrieb vor, daß die Wagentüren auch von innen zu öffnen sein mußten.

Der Komfort, der geboten wurde, richtete sich selbstverständlich nach dem Fahrpreis. Die Waggons der I. Klasse waren die elegantesten und bequemsten, freilich auch die teuersten: Für die einfache Fahrt zwischen Wien und Brünn mußten sechs Gulden bezahlt werden. Dafür konnte man auf gepolsterten Sitzen Platz nehmen, die Abteile, von denen es drei mit je sechs Plätzen gab, waren mit feinstem Tuch ausgekleidet und die Fenster mit Glasscheiben versehen. Das Aussehen der nach englischem Muster gebauten Wagen erinnerte noch an jenes der Postkutschen. Die II. Klasse, in der man es sich für vier Gulden bequem machen konnte, besaß ebenfalls drei Abteile. Sie waren jedoch nicht wie in der I. Klasse durch Zwischen-

Am Beginn des Eisenbahnzeitalters ein teurer Spaß:
Fahrkarten der Kaiser-Ferdinands-Nordbahn

wände voneinander getrennt; hier mußten sich acht Personen das Coupé teilen. Die Sitze waren aus Leder und die übrige Inneneinrichtung weniger vornehm als in der I. Klasse. Auch fehlten die Glasscheiben in den Fensteröffnungen, und gegen den Fahrtwind mußte man sich mit Ledervorhängen schützen; dabei kam dann allerdings die Aussicht etwas zu kurz.

Solche Annehmlichkeiten wurden den Passagieren der III. Klasse, die der Spaß drei Gulden kostete, nicht geboten. Hier drängten sich je acht Personen in vier nicht voneinander getrennten Abteilen auf hölzernen Bänken. Und man konnte auch ungehindert die frische Landluft schnuppern, da es weder Glasscheiben noch Vorhänge gab; die Wagen waren nach allen Seiten hin offen, besaßen allerdings ein Dach. Das fehlte dann schließlich in der IV. Klasse zu zwei Gulden, und sitzen konnte man bestenfalls auf dem Boden; hier waren nur Stehplätze vorgesehen. Erst in der Mitte der fünfziger Jahre beseitigte man auf vehementes Drängen der Aufsichtsbehörde diese etwas primitive Fahrgelegenheit.

Preisbewußtsein ging damals eindeutig vor Fahrkomfort. Das zeigen auch die Passagierzahlen und die Frequentierung der einzelnen Wagenklassen: Am besten besetzt war die III. Klasse, der sich 54,6 Prozent der Fahrgäste anvertrauten, gefolgt von der IV. Klasse, mit der 22 Prozent des Reisepublikums vorliebnehmen mußten. 20,3 Prozent konnte die II. Klasse für sich verbuchen, während die I. Klasse nur magere 3,1 Prozent aufwies.[30]

Einen prominenten Schilderer einer Zugfahrt aus dem ersten Jahrzehnt der Nordbahn besitzen wir in Franz Grillparzer, der seine Erlebnisse auf der Fahrt von Berlin nach Wien im Jahre 1847 seinem Tagebuch anvertraute: „Wir fuhren ... nach Oderberg, wo die hundemäßige Nordbahn anfängt. Wir ließen umpacken und fuhren nach der dort herrschenden Ordnung statt um acht Uhr nur erst eine halbe Stunde später fort. Diese Fahrt vergesse ich mein Lebelang nicht. Die Wagen sind an und für sich zum Spazierenfahren sehr gut, allein zum Reisen so widersinnig als möglich. Die Lehnen reichen bis zum Rücken, wo das liebe Haupt während des Schlafens in der Luft schwebend hin und hergebeutelt wird. Zudem ging ein Damm auf der Bahn ein, deshalb wurde schon gewartet, sehr langsam gefahren und etwas vor Lundenburg aufgehalten, wo wir im Regen ausstiegen und erst nachdem wir eine Viertelstunde im Regen herumgegangen, kam ein neuer Train, der uns naß und von Kälte durchbeutelt aufnahm."[31]

Zwischenfälle dieser Art waren in den ersten Jahren des Bahnbetriebes beileibe keine Seltenheit, wie auch der folgende Vorfall, der sich am 30. Oktober 1839 ereignete, beweist: Schon bei der Abfahrt in Brünn zeigte sich, daß die Lokomotive „Concordia", die dem vollbesetzten Zug, bestehend aus elf Personenwaggons und fünf Güterwagen, vorgespannt war, nicht ihren besten Tag hatte. Sie war viel zu spät vorgeheizt worden, und Schneegestöber sowie ein plötzlich aufgekommener Sturm taten das ihre, um der Maschine völlig die Lust an der Abfahrt zu nehmen. So blieb nichts anderes übrig, als den Zug händisch aus dem Bahnhof zu bewegen und ihn so lange anzuschieben, bis die Lokomotive aus eigener Kraft weiter konnte.

Das gleiche Spiel wiederholte sich in der Station Seitz, da der Lokomotive nicht vorgewärmtes Speisewasser zugeführt wurde und die Maschine nach dieser kalten Dusche prompt den Geist aufgab. Eisenbahnarbeiter halfen ihr auf die Sprünge, und dann ging es – vorläufig – ohne Zwischenfälle weiter bis Lundenburg, wo man klarerweise mit großer Verspätung einlangte. Hier wurden noch zwei Personenwagen angehängt und auch die Lokomotive gewechselt: Es wurde die „mehr durch Eleganz als durch Tüchtigkeit sich auszeichnende ‚Nordstern'"[32] vorgespannt. Aber auch ihr erging es nicht viel besser, und die „Concordia", die noch unter Dampf stand, mußte mithelfen, den Zug aus dem Bahnhof zu schieben. Der nächste

Zwangsaufenthalt erfolgte in Bernhardsthal. Die Maschine hatte ein Leck, Wasser gelangte in den Feuerkasten, und vorbei war es mit der Weiterfahrt.

Die Reservemaschine „Hercules“, die sich in der Nähe befand, machte ihrem Namen allerdings auch keine Ehre; sie mußte tatenlos nach Lundenburg zurückkehren. Die „Nordstern“ schaffte es dann bis Hohenau, ohne Last allerdings, denn den Zug hatte man auf der freien Strecke zurückgelassen. Als dann aber der Schneesturm immer heftiger wurde, zog man die Garnitur mit aus der Umgebung herbeigebrachten Pferden hinter den Damm von Bernhardsthal. Hier, an einer windgeschützten Stelle, begann nun das Warten. Vier Stunden dauerte es, ehe die inzwischen reparierte „Hercules“ aus Lundenburg anrollte und ihr Glück aufs neue versuchte. Zur gleichen Zeit trafen auch die instandgesetzte „Nordstern“ und die „Saturn“, die aus Wien entgegengeschickt worden war, bei der verlassenen Wagengarnitur ein.

Mit vereinten Kräften schleppten die drei Maschinen den Zug bis Hohenau, von wo aus die „Nordstern“ und die „Saturn“ alleine mit der Sache zurechtkommen sollten. Das ging auch bis Straßhof ganz gut, hier allerdings entging man nur knapp einem Unfall: Auf einer Wegkreuzung war ein Fuhrwerk im Schnee steckengeblieben, und Bauern konnten gerade noch in letzter Minute den Lokführer auf das Hindernis aufmerksam machen. Weiter ging es dann bis Leopoldau, wo die „Nordstern“ erneut zusammenbrach. Der lange Zug war für die „Saturn“ allein allerdings zu schwer, und so begnügte man sich, die „Nordstern“ von der „Saturn“ in die nahe Station schleppen zu lassen. Von dort aus versuchte dann die „Nordstern“ alleine und mit eigener Kraft nach Wien zu gelangen. Die „Saturn“ war inzwischen zu den verlassenen Waggons zurückgekehrt. Man kuppelte die ersten fünf Wagen ab und versuchte nun, wenigstens einen Teil der Reisenden nach Wien zu bringen. Aber nicht einmal das gelang. Denn irgendwo in den Donauauen stieß der Schrumpfzug gegen die wieder liegengebliebene „Nordstern“, der Zugsführer und ein Passagier wurden verletzt.

Aber auch der bei Leopoldau zurückgebliebene Zugteil kam zu seinem Unfall. Hier hatte man ganz vergessen, daß auch noch ein Zug aus Lundenburg fällig war, dem nun die einsamen

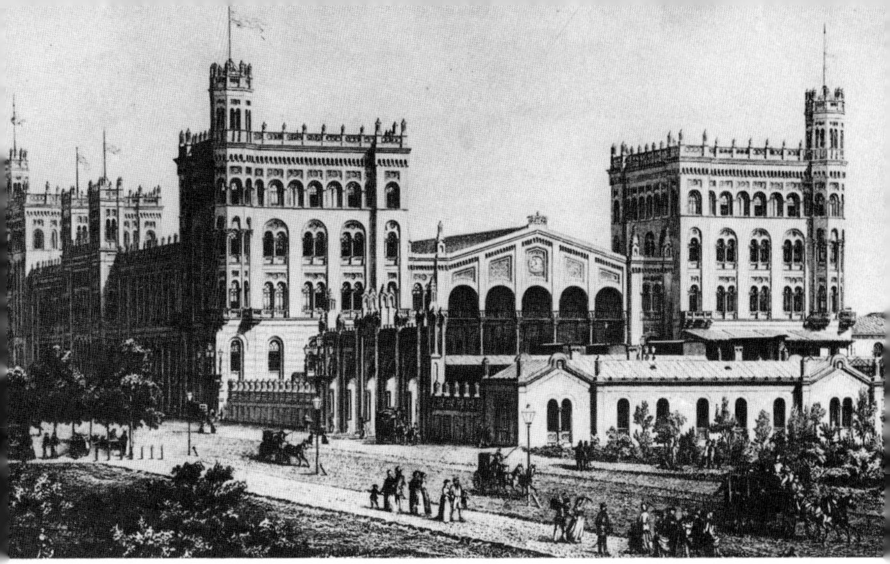

Die Blütezeit der KFNB: Der Wiener Nordbahnhof im Jahre 1865

Waggons im Weg standen. Bahnwächter und Schaffner eilten, mit Pechfackeln bewaffnet, dem Zug entgegen. Aber zu spät. Der Lokomotivführer konnte nicht mehr rechtzeitig bremsen, und so bohrte sich die „Rakete“ in die letzten Wagen des abgestellten Brünner Zuges. Es gab wieder die obligaten Verletzten. Nun wurde es aber den meisten Reisenden doch zu bunt. Sie packten ihre Siebensachen und machten sich zu Fuß auf den Weg nach Wien, trotz des Schneegestöbers und der Kälte; so sehr hatten sie vom Bahnfahren genug. Nur mehr wenige harrten im Zug aus und warteten auf Hilfe. Die kam dann in Form der „Mercur“, die der Maschinendirektor der Nordbahn höchstpersönlich steuerte. Um zwei Uhr nachts langte man endlich in Wien an; um sieben Uhr morgens hatte man Brünn verlassen, die Schreckensfahrt hatte 19 Stunden gedauert!

Diese Ereignisse kamen auch Seiner Majestät dem Kaiser zu Ohren, der sich dann darüber ausführlich vom Hofkanzler berichten ließ. Die Staatsverwaltung verdonnerte die geschäftsführenden Verwaltungsräte der Nordbahn wegen Sorglosigkeit und Unterlassung zweckmäßiger Vorkehrungen zu einer Geldstrafe von 1000 Gulden.

Man kann schon verstehen, wenn das Publikum für einige Zeit von der Eisenbahn geheilt war.

Aber nicht nur solche Zwischenfälle, auch die Obrigkeit

Der Personenzug aus Brünn fährt in den Wiener Nordbahnhof ein (um 1838)

trug ihr Scherflein dazu bei, die Reiselust in Grenzen zu halten. Der Metternichsche Polizeistaat machte es möglich. Schon zum Kauf der Fahrkarten hatte man einen gültigen Reisepaß vorzulegen, ebenso eine Bestätigung der Polizei, daß gegen eine Reise des betreffenden Subjekts keine Bedenken erhoben würden. Das bestimmte § 2 einer Kundmachung des Brünner k. k. Kreisamtes vom 3. Juli 1839 betreffend „die Aufrechterhaltung der Ordnung und Sicherheit des Publikums bei Fahrten auf der Eisenbahn von Brünn nach Wien". Darin heißt es unter anderem: „Wer die Eisenbahn zur Reise auf der Route von Brünn nach Wien und zurück benützen will, muß, um eine Fahrkarte zu erlangen, sich mit einem von der Brünner k. k. Polizeidirection oder der betreffenden Ortspolizei ausgefertigten Passirschein ausweisen."[33] Für die Fahrt nach Brünn brauchte man außerdem noch einen Linienpaß als Steuerdokument und eine Reiselegitimation. Diese Papiere wurden vor der Abfahrt von Gendarmen genau überprüft, und auch der Zoll beschäftigte sich meist recht ausgiebig mit dem Reisegepäck.

Allzuviel scheint sich in den letzten 150 Jahren nicht geändert zu haben. Trotz Staatsbesuchen und gegenseitigen Wertschätzungserklärungen sind Paß und Visum auf der Reise von Wien nach Brünn auch heute obligat, und der Zoll hat ebenfalls alle Hände voll zu tun. Das einzige, was sich geändert hat, ist auch nicht gerade erfreulich: Von Wien aus gibt es keinen direkten Zug oder Kurswagen nach Brünn. In Lundenburg heißt es warten und umsteigen; einen vernünftigen Anschlußzug gibt es bloß einmal am Tag. Und die Fahrzeit (inklusive Grenzkontrollen und Wartezeiten) von rund dreieinviertel Stunden (vor 150 Jahren waren es viereinhalb Stunden) für lächerliche 144 Bahnkilometer ist im Jahre 1986 mehr als beachtlich. Aber dafür kann die Bahn nichts.

In Leipnik blieb man stecken

Lange hielt die Eisenbahnabstinenz allerdings nicht an, und schon im September 1839 konnte man eine neue Rekordzahl verbuchen: 41.117 Passagiere. Zum Glück für die Nordbahn! Denn der Personenverkehr war schließlich einstweilen die einzige Einnahmsquelle; auf den Güterverkehr meinte man vorerst verzichten zu können. Zuerst wollte man die weitaus wichtiger scheinende Passagierbeförderung forcieren. Ein kostspieliger Irrtum, wie sich später herausstellen sollte.

Daß der Warenverkehr wesentlich lukrativer ist und weniger Defizit als das Geschäft mit menschlichem „Ladegut" einbringt, darauf kam man spätestens, als teure und aufwendige Nebenbahnen in Betrieb genommen wurden. Die Nordbahndirektion wunderte sich, nachdem am 2. März 1840 auch der Frachtverkehr zwischen Wien und Brünn aufgenommen worden war, über die überraschend guten Ergebnisse.

Vorerst verkehrten auf der neueröffneten Bahn fünf Züge: Um sechs Uhr morgens ging in Wien der Zug nach Brünn ab, um drei Viertel sieben morgens verließ der Gegenzug nach Wien den Brünner Bahnhof. Von Brünn nach Raigern konnte man um drei Uhr nachmittags fahren, und um halb sechs Uhr zurück nach Brünn; der fünfte Zug schließlich war jener von Lundenburg nach Wien, der den mährischen Bahnhof um vier Uhr nachmittags verließ.

Am 4. November 1839 wagte man sich dann an eine Europapremiere: Auf der Strecke Wien – Lundenburg wurde der Nachtbetrieb eingeführt. Wegen der guten Erfahrungen und da es keine Zwischenfälle gab (nach all dem, was wir bisher gehört haben, eigentlich kaum zu glauben), wurde wenig später ein regelmäßiger Nachtzugsdienst auf der ganzen Strecke gestattet.

Die Nordbahngesellschaft hatte auch eine Serviceleistung im Programm. Jene Reisenden, die von Brünn aus ihren Weg weiter fortsetzen wollten, hatten die Möglichkeit, ihre Equipagen mit sich zu nehmen. Sie wurden auf Plateauwagen befestigt und am Zugende mitgeführt. Wegen der komplizierten Verladearbeiten mußten die Kutschen schon am Tag vor der geplanten Abreise zum Bahnhof gebracht werden. Bei dieser Gelegenheit konnte man auch gleich das Reisegepäck deponieren. Wie man sieht, hat auch unser „Auto im Reisezug" eine fast hundertfünfzigjährige Tradition!

Man bemühte sich eben schon damals um die Fahrgäste! Um die Bahn auch für Ausflügler attraktiv zu machen, schaffte die Nordbahn Gesellschaftswagen an, die von einigen Stationen aus einen regelmäßigen Betrieb zu Städten oder Ausflugsorten abseits der Bahn ermöglichten.

Eine andere kundenfreundliche Einrichtung hatte sich die Innung der Preßburger Lohnkutscher einfallen lassen. In Gänserndorf standen bei der Ankunft jedes Zuges schon Separatwagen bereit, um die Reisenden nach Preßburg, das damals zur ungarischen Krone gehörte und Pozsony hieß, zu bringen. Eine Verbindung, die sich bewährt haben dürfte; denn die Nordbahn eröffnete 1848 von Gänserndorf die Strecke nach Marchegg, von wo aus die ungarische Zentralbahn die Weiterbeförderung nach Preßburg übernahm.

Auf der Hauptstrecke in Richtung Prerau waren die Arbeiten mittlerweile zügig vorangeschritten; auch auf diesem Abschnitt wirkte Karl Ghega als Bauleiter. Nicht lange allerdings. Er war ja immerhin Staatsbeamter und an die Nordbahn bloß verliehen. Seiner vorgesetzten Dienststelle in Venedig dauerte die vierjährige Abwesenheit ihres Straßenbauingenieurs wohl zu lange, denn im Sommer 1840 erhielt Ghega den Befehl, mit 1. Juli seine Tätigkeit beim Straßenbaudepartement wieder aufzunehmen. Erfreut war Ghega darüber sicherlich nicht, aber schon zwei Jahre später sollte er dann endgültig wieder bei der Bahn landen.

Ghegas Nachfolger auf der Nordbahnbaustelle wurde der Südtiroler Alois Negrelli, der sich gerade in der Schweiz befand und große Pläne für den Bau der ersten Schweizer Bahnlinie zwischen Zürich und Baden wälzte.

Noch im Jahre 1840 war der gesamte Unterbau der Strecke bis Ungarisch-Hradisch (Uherské Hradiště) fertiggestellt. Nach der Winterpause konnte dann die Strecke Lundenburg – Ungarisch-Hradisch in Betrieb gehen. Der erste Zug bestand

Vorläufer des kombinierten Verkehrs:
Die Gesellschaftswagen der Nordbahn

aus einem Personenwaggon und zwei Güterwagen, die von der „New York" (aus der Werkstätte William Norris' in Philadelphia) gezogen wurden. Die offizielle Eröffnung fand am 4. Mai 1841 statt und wurde, ebenso wie alle vorhergegangenen Betriebsaufnahmen, als Volksfest mit viel Prominenz begangen.

Am 16. Juli eröffnete man die Flügelbahn von Wien nach Stockerau. Da hatte auch die erste Lokomotive made in Austria, die „Patria", ihren großen Auftritt, als sie den Jubiläumszug in einer Stunde und 14 Minuten über die 25 Kilometer lange Strecke zog. 1869 verkaufte die Nordbahn diese Strecke um die stattliche Summe von einer Million Gulden an die neu gegründete Österreichische Nordwestbahn, die über Znaim und Iglau nach Nordböhmen führte und eine Verbindung nach Wien brauchte.

1841 gab es dann noch zweimal Gelegenheit für ausgiebige Feiern: Am 1. September wurde die Strecke bis Prerau (Přerov) dem Verkehr übergeben, und am 17. Oktober ging die Flügelbahn Prerau – Olmütz (Olomouc) in Betrieb. Wieder einmal waren Militär in Paradeuniform – wohl Soldaten des in Olmütz liegenden mährischen Infanterie-Regimentes Nr. 54

und des mährischen Feld-Jäger-Bataillons Nr. 5 aus Ungarisch-Hradisch – und Landvolk in seinen bunten Trachten ausgerückt, um die Feierlichkeiten aufzuputzen.

Zum Festakt kam man natürlich per Bahn angereist. Die Züge mit den Gästen aus Wien und Brünn waren in Lundenburg vereinigt worden. Gemeinsam ging es dann nach Prerau, wo man gegen ein Uhr mittags eintraf.

Unmittelbar dort, wo die Olmützer Flügelbahn von der Hauptstrecke abzweigte, hatte man einen Altar errichtet; der Erzbischof von Brünn, Anton Graf von Schaffgotsch, nahm die Einweihung der neuen Strecke höchstpersönlich vor. So ändern sich die Zeiten! Vor noch nicht allzu langer Zeit hatte der Klerus die Eisenbahn verteufelt und auf die armen Seelen der Reisenden keinen Kreuzer mehr gegeben, nun kam einer der höchsten geistlichen Würdenträger des Landes und segnete unter Weihrauchduft die Lokomotiven und die Reisenden.

Nachdem „durch den Mund des Bischofs die tausendjährige Kirche den Segen des Himmels herab auf das jüngste, mächtigste Erzeugnis des menschlichen Genies" gerufen worden war,[34] wie ein Zeitgenosse schwülstig vermerkte, setzte sich der Festzug in Richtung Olmütz in Bewegung. Auch dort das bekannte Schauspiel: festlich gekleidete Menschen, fahnengeschmückte Gebäude, mit Tannenreisig und Blumenkränzen behängte Tribünen. „Glockenzeichen wurden gegeben und während die Volksmenge harrend der wunderbaren Dinge, die da kommen sollten, näherte sich majestätisch der erste Train dem Bahnhofe. . . . Wie drückt jede Mine die höchste Spannung aus, wie irrt jedes Auge von Gegenstand zu Gegenstand, jetzt die dampfende Locomotive, jetzt die zahlreichen Waggons und die große Zahl der Fahrenden betrachtend!"[35]

So schilderte ein Olmützer Bürger in einem Brief die Bahneröffnung. Zum Schluß durfte natürlich ein aus der Stadtkasse finanziertes Fest und ein Ball im Theater nicht fehlen.

Das sollten nun auch für längere Zeit die letzten Feste gewesen sein, die die Nordbahngesellschaft zu feiern hatte. Denn für die Zukunft sah es traurig aus. Man hatte sich finanziell übernommen. Der Bau der Bahn nach Brünn war teurer geworden als geplant. Eine Meile (7,58 Kilometer) hatte nicht 200.000, sondern mehr als 370.000 Gulden gekostet. Schuld daran waren hohe Grundeinlösungskosten und der teure

Oberbau mit den importierten englischen Schienen. Aber auch der Bau der Donaubrücken und der zweigleisige Ausbau zwischen Wien und Wagram hatte ein tiefes Loch in den Säckel der Nordbahn gerissen. Anstatt vier Millionen Gulden hatte der Brünner Flügel siebeneinhalb Millionen gekostet; mit dreieinhalb Millionen stand man in den roten Zahlen.

Dazu kam noch, daß die ersten beiden Betriebsjahre so gut wie keinen Gewinn abgeworfen hatten und die Betriebsausgaben in ungeahnte Höhen stiegen. Kohle war teuer. Jene aus den Lagerstätten in der Umgebung von Wien, bei Neudörfl und Brennberg, hatte sich als ungeeignet erwiesen, Holzfeuerung war wegen des Funkenfluges und der Brandgefahr unmöglich, und die preiswerten Ölkuchen konnten nur zur Feuerung bei Güterzügen verwendet werden, da der entstehende bestialische Gestank auch die letzten Fahrgäste vertrieben hätte. Es blieb also nichts anderes übrig, als um teures Geld Kohle aus Schlesien per Straße und auf der Donau Kohle aus dem Banat zu beziehen. Auf diese Weise konnte man 40 Prozent der Betriebskosten und 24 Prozent der Gesamteinnahmen im wahrsten Sinne des Wortes in den Rauchfang schreiben.

Geld fehlte also an allen Ecken und Enden. 15.829.000 Gulden hatte man bereits verbaut, und man war erst bei der Hälfte. Für den Ausbau der Bahn bis Bochnia waren noch neun Millionen Gulden notwendig, und die mußten auch möglichst rasch beschafft werden, denn die Frist, die der Nordbahn für den Gesamtausbau gesetzt war, lief ja bekanntlich am 4. März 1846 ab. Man stand vor einer schier unlösbaren Aufgabe. Das Geld, das noch vorhanden war, reichte gerade noch für den Bau bis Leipnik (Lipnik); und dafür verwendete man es auch. Am 15. August 1842 führte die Nordbahn bis Leipnik, und dort war vorerst einmal Schluß.

Der Staat macht sich stark

Als die Nordbahn 1842 bei Leipnik vorläufig steckenblieb, war sie nicht mehr die einzige Bahngesellschaft in Österreich. Baron Sina, der ja selbst dem provisorischen Komitee der Nordbahn angehört hatte, war bald abgesprungen und verfolgte nun eigene Interessen. Was Rothschild im Norden verwirklichen wollte, das hielt Sina im südlichen Teil der Monarchie ebenso für möglich. Sein Projekt sah eine Linie ins ungarische Györ (Raab) und weiter nach Ofen vor, sowie eine zweite über Wiener Neustadt nach Sopron (Ödenburg) und durch Westungarn bis nach Triest. Ebenso wie bei der Nordbahn dachte man auch hier an mehrere Flügelbahnen, etwa nach Gloggnitz und zu den Bergwerken von Neudörfl und Brennberg. Das war praktisch der zweite Teil des alten Rieplschen Planes, die Verlängerung der Nordbahn nach Süden.

Schon am 17. Februar 1836 reichte Freiherr von Sina sein Konzessionsansuchen bei der Hofkanzlei ein; und er deponierte auch den Wunsch, seine Bahn „Kaiser-Ferdinands-Südbahn“ nennen zu dürfen. Am 2. Jänner 1838, als man auf der Nordbahn bereits bis Deutsch Wagram fahren konnte, kam der allerhöchst abgesegnete, positive Bescheid. Nur bei der Namenswahl hatte Sina Pech. Dem gütigen Ferdinand reichte wohl eine Bahnlinie, für eine zweite wollte er nicht auch noch den Taufpaten spielen. Dem Baron blieb also nichts anderes übrig, als die sehr prosaische Bezeichnung „Wien-Raaber-Bahn“ zu wählen.

Wie schon Rothschild vor ihm, finanzierte auch Sina seine Bahn mit Hilfe einer Aktiengesellschaft, und auch die Südbahnaktien waren bald überzeichnet. Es gab noch eine Parallele: Auch Sinas Gesellschaft baute nicht die als erste ins Auge gefaßte Hauptlinie nach Raab aus, sondern man begann mit der Strecke zwischen Wien und Wiener Neustadt und führte sie bis Gloggnitz weiter. Im April 1839 hatten die Bauarbeiten be-

Bahnhofsarchitektur einer versunkenen Epoche: Der Wiener Nordbahnhof um 1870

gonnen, eineinhalb Jahre später, im Oktober 1841, war die Strecke zwischen Wien und Neunkirchen durchgehend befahrbar, und nach einem weiteren halben Jahr, am 5. Mai 1842, konnte die Bahn bis Gloggnitz in Betrieb genommen werden. In zwei Jahren hatte man es auf 75 Bahnkilometer gebracht. Da war die Nordbahn schon fleißiger gewesen: Zwei Jahre nach Baubeginn war die 144 Kilometer lange Strecke nach Brünn eröffnet, und nach ziemlich genau drei Jahren stand die Hauptstrecke bei Baukilometer 200.

Zu dieser Zeit machte sich die Staatsverwaltung bereits Gedanken darüber, ob es nicht sinnvoll wäre, in den Eisenbahnbau einzusteigen. War es denn wirklich zu verantworten, das neue Verkehrsmittel, das nun schon fast in ganz Europa Fuß gefaßt hatte, einigen wenigen reichen Bankiers und ihren Interessen zu überlassen? Für sie war die ganze Sache doch nur Spekulation, im Vordergrund stand das Streben nach höchstmöglichem Gewinn und attraktiver Kapitalverzinsung; erst in zweiter Linie dachte man an die verkehrstechnisch sinnvollsten und notwendigen Lösungen. Aufgrund der herrschenden Gesetzeslage hatte der Staat ja keinen allzu großen Einfluß auf die privaten Bauherren. In Zeiten der Geldknappheit und der wirtschaftlichen Krisen, wie sie Österreich auch damals erlebte, war es mehr als fraglich, ob mit einer zügigen Entwicklung des Eisenbahnwesens gerechnet werden konnte; das sah man ja nun auch an der Nordbahn. Den weiteren Bau privater Bahnlinien konnte man unter diesen Voraussetzungen wohl kaum erwarten.

Wenn man also Wert auf ein gut ausgebautes und untereinander verknüpftes Schienennetz mit Anschlüssen zu ausländischen Bahnen legte, blieb dem Staat nichts anderes übrig, als selbst in die Tasche zu greifen und unter die Bauherren zu gehen. So oder ähnlich lautete auch das Credo des Freiherrn von Kübeck, der als gelernter Volkswirt genau wußte, wovon er sprach. Seit 1840 stand er der Allgemeinen Hofkammer vor und war für die Finanzen der Monarchie verantwortlich.

Nachdem sich Kübeck und Metternich in dieser Frage geeinigt hatten – der Staatskanzler hatte ja damals überall etwas mitzureden –, war die Unterschrift des Kaisers nicht mehr als ein Formalakt. Am 23. Dezember 1841 wurde die allerhöchste Entschließung veröffentlicht, die den Bau von Staatsbahnen anordnete. Es wurden darin jene Strecken angeführt, die man auf Staatskosten zu bauen gedachte. Nicht nur der Ausbau der Südbahn war vorgesehen („von Wien über Steiermark nach Triest"), sondern auch ein Anschluß an das deutsche Bahnnetz sollte über eine neue Linie in den Norden der Monarchie hergestellt werden („von Wien über Prag nach Dresden"); nach Westen sollte die Bahn nach Bayern führen, und auch in Oberitalien („von Venedig über Mailand nach dem Comer-See") wollte man aktiv werden.[36]

Für dieses große Projekt brauchte Kübeck natürlich die entsprechenden Fachleute, und die fand er – naheliegend – bei der Nordbahn. Von dort holte er Francesconi, Negrelli, Schmid, Ghega und Bretschneider. Dagegen konnte sich die Gesellschaft, auch wenn sie gewollt hätte, gar nicht wehren. Alle ihre Koryphäen waren ja Beamte auf Sonderurlaub.

Man hatte es sich einfach gemacht: Die Ausbildung zu exzellenten Fachkräften hatte den Finanzminister keinen Groschen gekostet; das hatten die privaten Bahnbauer übernommen, die auch die aufwendigen Auslandsreisen finanzierten. Und nun, wo sie alle ihre Bewährungsproben glänzend bestanden hatten, rief der Staat seine Diener zurück!

Aber nicht nur Experten brauchte man, sondern vor allem Geld. Die Herren der Nordbahn waren also in der denkbar schlechtesten Ausgangsposition, als sie an Kübeck herantraten und den Staat anpumpen wollten, um doch noch zu Mitteln für den Weiterbau zumindest bis Oderberg oder gar bis Bochnia zu kommen. Der Fiskus war dafür aber nicht zu haben und teilte mit einem Hofkammer-Präsidialerlaß mit, „daß eine pekuniäre Unterstützung von seiten der Staatsverwaltung, sei es im Wege einer Zinsengarantie, oder einer anderen unmittelbaren Geldleistung nicht stattfinden kann . . .“[37] Punktum. Und das am 24. Dezember! Unter diesem Datum war der Erlaß nämlich ausgefertigt worden. Frohe Weihnachten!

Der Staat machte der Nordbahn allerdings Hoffnungen auf Anschlußbahnen, die durch „Erweiterung des Betriebes und auch durch die lucrative Benützung der gesellschaftlichen Capitale“ eine rasche Änderung der prekären Situation versprachen.[38] Daraus wurde dann aber doch nichts; der Staat wollte die Nordbahn nicht weiterbauen. Davon stand ja auch nichts in den Staatsbahnplänen Kübecks. Wenn schon nach Norden, dann nach Prag. Davon hatte die Nordbahngesellschaft allerdings herzlich wenig. Man stand in Leipnik und man mußte weiter. Man wollte unbedingt das Ostrauer Kohlenrevier erreichen, um endlich zu preisgünstigem Brennstoff zu kommen; das hätte die Betriebskosten der Bahn um einen ansehnlichen Teil gesenkt. Außerdem rechnete die Nordbahndirektion mit einem Anschluß an die preußische Wilhelmsbahn bei Oderberg, wodurch dann eine direkte Verbindung zwischen Wien und Berlin hergestellt worden wäre. Viel Zeit zum Überlegen hatte man wegen des drohenden Fristendes nicht, es mußte weitergebaut werden. Die Frage war nur, mit wessen Geld. Wie schon so oft vorher, trat man wieder einmal an das Bankhaus Rothschild mit der Bitte um einen Kredit heran. Und Rothschild wäre nicht Rothschild gewesen, hätte er nicht das erforderliche Kapital für den Bau lockergemacht: vier Millionen Gulden! Um sicherzugehen, für den Bau noch genügend Zeit zu haben, erbat die Nordbahn auch eine Fristverlängerung um weitere zehn Jahre. Geld und Zeit sollten nun bis Oderberg reichen. Von dort an konnte der Staat die Bahn bis nach Galizien bauen, wenn er dazu Lust hatte.

Am 12. Dezember 1843 beschloß eine außerordentliche Generalversammlung, daß die Nordbahn bis nach Oderberg weitergeführt werden solle. Außerdem stimmte sie einem Zuschuß von 250 Gulden für jede Aktie zu, immerhin ein Viertel ihres Nominales. Eine ganz schöne Zumutung allerdings auch, bedenkt man, daß damals Nordbahnaktien weit unter ihrem Nennwert gehandelt wurden. Und jetzt sollten sie 1250 Gulden kosten, obwohl sie weniger als 1000 wert waren! Einziger Trost: Ratenzahlung war möglich.

Im Frühjahr 1844 begannen dann endlich die Bauarbeiten in Richtung Oderberg unter der Leitung des Oberingenieurs Carl Hummel. Diesmal mußte die Nordbahn die gesamten Arbeiten in eigener Regie erledigen; es hatten sich keine Unternehmer gefunden, die hier Erde aufschütten und Schienen verlegen wollten. Damals hatte die Bauwirtschaft genügend andere Aufträge.

Am 1. Mai 1847 wurde der Abschnitt Leipnik – Oderberg in Betrieb genommen Der Anschluß an die Wilhelmsbahn, der von der preußischen und der österreichischen Regierung im März 1846 beschlossen worden war, wurde erst im Sturmjahr 1848 fertiggestellt. Bis dahin mußten die Reisenden von und nach Berlin Pferdefuhrwerke benutzen, die zwischen Oderberg und dem Endpunkt der Wilhelmsbahn in Annaberg (Chałupki) verkehrten.

„Der Freiheit eine Gasse!“

So lautete eine der Parolen des Revolutionsjahres 1848, in dem auch die Nordbahn eine Statistenrolle spielte.

Begonnen hatte alles eigentlich vergleichsweise harmlos in Mailand. Dort boykottierten aufsässige Lombarden unter dem Motto „Ohne Rauch geht's auch!“ die Produkte der österreichischen Tabakregie; nicht aus gesundheitlichen Gründen, sondern um den österreichischen Fiskus zu treffen, der damals wie heute an den Rauchergenüssen nicht schlecht verdiente. Außerdem war die „k. k. Tabacs-Fabrication“ zum Symbol der österreichischen Fremdherrschaft in Lombardo-Venetien geworden, und dagegen ging man ohne Zigarre im Mund auf die Straße. Man wollte endlich Herr im eigenen Haus sein und zeigte es den Österreichern auf diese Weise.

Wie es nun einmal revolutionäre Bewegungen in sich haben, blieb der „Zigarrenrummel“, wie man ihn nannte, nicht auf Mailand beschränkt. Bald sprang der Funken auch auf andere Teile Italiens über: auf Livorno, Genua, auf das Königreich beider Sizilien. In Europa gärte es an allen Ecken und Enden: In München gingen die Studenten auf die Straße, in Paris revoltierte man gegen den korrupten „Bürgerkönig“, und auch in der Habsburgermonarchie flackerten die ersten Unruhen auf. In Böhmen hatte man das slawische Selbstbewußtsein entdeckt, und in Ungarn agitierte Lajos Kossuth. Da konnte es natürlich nicht ausbleiben, daß auch die Wiener mutiger wurden und offen ihre Meinung sagten: Weg mit dem Absolutismus, wir wollen eine Konstitution! Die Antwort waren Salven aus den Gewehren eines Pionierbataillons. Und nun gab es das, was dem üblichen Klischeebild einer Revolution entspricht: Barrikaden, brennende Häuser, Gefechte. In Wien herrschte Bürgerkrieg.

Auch die Eisenbahner spielten in diesen Tagen eine nicht unbedeutende Rolle. In Wien hatte sich nämlich das Gerücht hartnäckig festgesetzt, daß in Böhmen vier Regimenter zusammengezogen würden, die per Bahn nach Wien verfrachtet werden sollten, um hier der Revolution den Garaus zu machen. Ganz so haltlos, wie sie der Kriegsminister, Theodor Graf Baillet-Latour, hinstellen wollte, waren diese Meldungen tatsächlich nicht. Das 12. Jäger-Bataillon in Brünn und das 2. Infanterie-Bataillon Emil von Hessen aus Mährisch-Ostrau hatten bereits den Marschbefehl nach Wien erhalten. Die Bahnarbeiter waren empört. Im ersten Zorn wollten sie schon daran gehen, Schienen aufzureißen, Telegraphenleitungen zu zerstören und die Donaubrücke der Nordbahn niederzubrennen, alles, damit nur ja keine kaiserlichen Truppen in die Hauptstadt gelangen konnten.

Die Direktion der Nordbahngesellschaft war nun unter Zugzwang. Sollte sie einen großen Teil der Arbeit aus den letzten zehn Jahren zunichte machen lassen, oder sollte sie sich auf die Seite der Arbeiter schlagen? In der Not entschied man sich bei der Führung für die zweite Lösung. Man gab das Versprechen, daß die Nordbahn keinen einzigen Soldaten nach Wien befördern werde. Die Arbeiter hörten das wohl, doch fehlte ihnen offensichtlich der Glaube. Mißtrauisch bewachten sie den Telegraphen auf dem Wiener Nordbahnhof, um keine Hilferufe um Truppenverstärkung abgehen zu lassen. Und eine Lokomotive dampfte mit einer Weisung an den Bahnhofsvorstand von Gänserndorf ab, per Telegraph Brünn und Prag zu benachrichtigen, daß kein Militär mit der Bahn nach Wien transportiert werden dürfe.

Inzwischen war das 12. Jäger-Bataillon bereits in Lundenburg eingetroffen. Der dortige Stationschef weigerte sich anfangs, die Truppen weiterzubefördern. Aber die Gewehre der Soldaten konnten ihn schließlich doch davon überzeugen, den Sonderzug mit der heiklen Fracht abzufertigen. Das tat er dann auch, und die Infanteristen rollten bis nach Hohenau. Dort hieß es dann aber aussteigen, da das Bahnpersonal einen Güterzug so geschickt rangiert hatte, daß er die Geleise für die Weiterfahrt blockierte. Wie es der Zufall so wollte, war peinlicherweise auch keine Reservemaschine aufzutreiben . . . Die Infanteristen aber taten das, wofür sie ausgebildet worden waren, und marschierten zu Fuß nach Wien.

Während der Wiener „Oktoberrevolution" waren es dann

ebenfalls Eisenbahner, die von sich reden machten. Um die aufständischen Magyaren zur Räson zu bringen, hatte Latour befohlen, das Grenadierbataillon Richter nach Ungarn in Marsch zu setzen, und zwar mit der Bahn, wozu hatte man denn ein Massenverkehrsmittel?! Latour hatte allerdings die Rechnung ohne die Studenten und die Wiener Bürger gemacht. Im „Studenten-Courier" vom 11. Oktober 1848 findet sich eine Schilderung der Ereignisse:

„Die . . . Grenadiere . . . verweigerten entschieden den Abmarsch. Schon die vorhergehende Nacht herrschte eine dumpfe Gährung in den Kasernen. – Widerstrebend wird das Bataillon, mit Kürassier-Eskorte zur Nordbahn bis an die Taborbrücke geführt. – Haufen Volks und Garden im Sturmschritt eilten voran, um den Abmarsch zu verhindern. Dort haben sich bereits Tausende gesammelt. – Ein Brückenjoch wird zerstört, die Eisenschienen aufgerissen. . . . Kanonen und Munitionskarren kommen angerasselt. . . ."

In der Folge entspann sich ein heftiger Straßenkampf, in dem die Aufständischen siegreich blieben: „Jetzt werden die eroberten Kanonen triumphierend in die Stadt gebracht!" Die Ungarnreise mußte abgesagt werden.

Bei den Kämpfen waren auch die Bahnanlagen in Mitleidenschaft gezogen worden: Die hölzernen Donaubrücken gingen in Flammen auf. Bis in die ersten Monate des Jahres 1849 mußten die Züge, so wie elf Jahre zuvor, von Floridsdorf abfahren.

Für den Kriegsminister endete die Sache noch weniger erfreulich. Nachdem man die Abfahrt der Soldaten erfolgreich verhindert hatte, zogen die Aufständischen von der Leopoldstadt vor das Kriegsministerium Am Hof. Dort drangen sie in das Gebäude ein und fanden Latour. Die rasende Menge fiel über den fast siebzigjährigen Mann her und erschlug ihn. Dann knüpfte man den Leichnam an einer Laterne vor dem Ministerium auf. Anführer dieser wenig rühmlichen Aktion war – ein Eisenbahner, kein Nordbahner allerdings, sondern ein Kollege von der Wien-Gloggnitzer-Bahn, der Werkstättenarbeiter Franz Wangler.

Nachdem der Aufstand solche blutigen Formen angenommen hatte, fühlte sich der kaiserliche Hof in Wien nicht mehr sicher und floh nach Olmütz; der Reichstag wurde wenige Tage später nach Kremsier verlegt. Und nun stand die Nordbahn im Dienste der Regierung: Da es keine andere Möglichkeit gab, kommunizierte man mit der Residenzstadt per Bahntelegraph!

Auch an der Niederschlagung der Revolution war die Nordbahn beteiligt. Jetzt rollten Militärzüge aus Böhmen nach Floridsdorf, die die Truppen des Feldmarschalls Windischgrätz vor die Tore der Reichs-Haupt- und Residenzstadt brachten. In einem Anfall von Patriotismus entschloß sich die Geschäftsführung der Nordbahn, „zur Schonung des Staatsschatzes“ den vereinbarten Tarif für die Beförderung von Truppen um 20 Prozent zu senken.[39] Am 26. Oktober besetzten die kaiserlichen Soldaten den Nordbahnhof, und zwei Tage später begannen 70.000 Mann mit 200 Geschützen den Großangriff: Windischgrätz ließ Wien mit Artillerie beschießen. Das letzte Stündlein der Revolutionäre hatte geschlagen. Und man dichtete:

„Doch Nemesis bewährt sich stets,
sie schickten Fürsten Windischgrätz
als wahren Volkserlöser.
Jetzt war die Aula plötzlich leer,
Studenten sah man keine mehr,
und keinen Kalabreser.“

Endstation Krakau

Im Sturmjahr 1848 wurde allerdings nicht nur gekämpft, sondern auch halbwegs eifrig weitergebaut. Da war einmal die 17 Kilometer lange Verbindung zwischen Gänserndorf und Marchegg, Teil eines langgehegten Planes, den die Nordbahngesellschaft praktisch seit ihrer Gründung verfolgt hatte: die Anlage einer Flügelbahn nach Preßburg. Ganz so einfach war die Sache allerdings nicht. Denn Preßburg hieß damals Pozsony und gehörte zu den Ländern der ungarischen Stephanskrone. Und die Magyaren hatten schon immer eine eigenwillige Auffassung von ihrer staatlichen und politischen Stellung im Rahmen der österreichischen Monarchie, auch vor dem Ausgleich von 1867. So mir nichts, dir nichts ließ man sich nicht von den Herren in Wien ins Handwerk pfuschen. Es kostete viel Zeit und mühevolle, langwierige Verhandlungen, ehe man die Ungarn umstimmen konnte.

Am 24. Jänner 1844 gab die ungarische Statthalterei die Bewilligung zum Bau einer Bahnlinie von der Landesgrenze hinter Marchegg über Preßburg nach Budapest.

Erst jetzt erhielt auch die Nordbahn eine Konzession, die sie zum Bau einer eingleisigen Hauptstrecke von Gänserndorf nach Marchegg berechtigte. Bei den Bauarbeiten gab es zwar keine Schwierigkeiten, doch dauerte es zwei ganze Jahre, ehe man bis Marchegg einen provisorischen Personenverkehr einrichten konnte.

Nicht ganz ohne Probleme gestaltete sich der Bau der Grenzbrücke über die March. Sie war mit 474 Metern Länge damals wohl eines der größten derartigen Bauwerke in Österreich. Mit 25 Steinbögen, deren jeder eine Spannweite von 15 Metern hatte, überwand die Brücke die March, den Grenzfluß zwischen Niederösterreich und Ungarn, sowie das ausgedehnte Überschwemmungsgebiet. Schlechtes Wetter, Hochwasser und eine Typhusepidemie, die unter den Bauarbeitern grassierte, verzögerten die Bauarbeiten gewaltig. Acht Monate mauerte und hämmerte man an dem Steinkoloß herum, ehe er fertig war. Als dann auch die Schienen bis Preßburg verlegt waren, stand man mitten in der Revolution. Am 20. August 1848 wurde die Strecke Gänserndorf – Marchegg – Preßburg eröffnet. Nur wenige Wochen später mußte man den Verkehr vorläufig wieder einstellen; die Zeit war fürs Bahnfahren zu unruhig.

Für die Strecke von der Landesgrenze bis Preßburg war theoretisch die ungarische Zentralbahn zuständig. Der Einfachheit halber hatte man sich aber in einem Vertrag geeinigt, daß die Nordbahn den Verkehr auf der ungarischen Anschlußstrecke zwischen Marchegg und Preßburg führen sollte, nicht um Gottes Lohn natürlich, sondern auf Rechnung der ungarischen Bahnverwaltung.

Via Nordbahn bestand dann auch bald die erste Eisenbahnverbindung zwischen Wien und der ungarischen Hauptstadt. Ab 16. Dezember 1850 gingen direkte Züge von Wien über Marchegg und Preßburg nach Budapest.

1848 scheint überhaupt ein gutes Jahr für Anschlußbahnen im grenznahen Raum gewesen zu sein, denn am 1. September wurde die 3,3 Kilometer lange Linie vom Bahnhof der Nordbahn in Oderberg zur preußischen Grenze in Betrieb genommen. Damit waren das österreichische und das deutsche Bahnnetz miteinander verknüpft. Der Weg nach Berlin war frei; vom unmittelbar an der Grenze gelegenen Annaberg (Chałupki) führte die preußische Wilhelmsbahn direkt an die Spree.

Mit den beiden Linien, von Gänserndorf nach Marchegg und der Verbindungsbahn bei Oderberg, konnte die Nordbahn also durchaus zufrieden sein. Mehr oder weniger direkte Verbindungen (nach Berlin mußte man umsteigen, denn Kurswagen kannte man damals noch nicht) mit Budapest und Berlin, das war schon etwas. Aber damit durfte sich die Nordbahn nicht begnügen. Sie mußte an die Fortsetzung ihrer Hauptlinie von Oderberg in Richtung Galizien denken; und die lag ihr schwer im Magen. Denn der Nordbahn war mittlerweile die Lust vergangen, sich in diesen östlichsten Gebieten der Monarchie zu verzetteln und – was wegen der ewigen Geldknappheit unausweichlich schien – finanziell zu verbluten. Die Weiterführung der Bahn schien umso unnötiger, als ja bereits eine Verbindung mit Krakau (Kraków) – wenn auch über Deutschland – existierte. Auf den galizischen Strecken war also kein gutes Geschäft mehr zu erwarten.

Die Nordbahn versuchte mit allen Mitteln, sich vom Bau der Linie Oderberg – Krakau zu drücken. Vergebens. Der Staat, dem die Gesellschaft „großzügig“ angeboten hatte, die noch ausstehende Strecke zu bauen, lehnte verständlicherweise dieses Ansinnen nicht einmal dankend ab. Defizite hatte man genug und wollte sich nicht noch eine pleiteverdächtige Eisenbahn aufhalsen. Man dachte aber auch nicht daran, die Nordbahngesellschaft aus ihren Verpflichtungen zu entlassen. Abmachung war Abmachung; man war ja schon so großzügig gewesen, die zehnjährige Baufrist im Privileg um weitere zehn Jahre bis 1856 zu verlängern, und mehr durfte sich die Nordbahn wirklich nicht erwarten. Ein Ministerialerlaß vom 8. Februar 1852 raubte der Gesellschaft dann alle Hoffnungen: Bis zum 4. März 1856 mußte weitergebaut werden.

Etwas Milde ließ der Staat dann allerdings doch walten. Nach vielen Stunden am Konferenztisch einigten sich Staatsverwaltung und Nordbahn am 25. April 1853 auf einen Kompromiß, der beiden Teilen annehmbar erschien. Die Nordbahn sollte ihr Netz von Oderberg (Bohumin) aus bis Auschwitz (Oświęcim) ausbauen, ebenso noch die Flügelbahnen nach Bielitz (Bielsko-Biała) und nach Troppau (Opava) in Schlesien. Der Bau der Strecken nach Krakau und zu den Salzmagazinen in Dwory und Wieliczka – die doch mit ein Anlaß zum Bahnbau gewesen waren! – wurde erlassen. Der Staat verpflichtete sich, die Verbindung vom Endpunkt der Nordbahn in Auschwitz nach Krakau selbst herzustellen. Ein besonders großes Opfer verlangte man ihm damit nicht ab, denn es mußte lediglich das Stück zwischen Auschwitz und Trzebinia neu gebaut werden, knapp 40 Kilometer. Von Trzebinia nach Krakau führte nämlich seit 1847 schon die Krakau-Oberschlesische Bahn. Sie war 1850 verstaatlicht worden und wurde seit 1852 unter dem Namen „k. k. Östliche Staatsbahn“ betrieben.

Nach diesen Entscheidungen ging man bei der Nordbahn um einiges erleichtert an die Arbeit. Am 11. Dezember 1855 wurde der Abschnitt Oderberg – Dzieditz (Czechowice-Dziedzice) eröffnet; von dort aus sollte auch die Flügelbahn nach Bielitz abzweigen. (Diese ging dann am 17. Dezember in

Betrieb; und auch die zweite geforderte Bahn nach Troppau war am selben Tag betriebsbereit.)

Drei Tage vor Ablauf der Frist, zwanzig Jahre, nachdem man den ersten Spatenstich getan hatte, war es so weit: Die Nordbahn hatte alle ihr aufgetragenen Bedingungen erfüllt. Am 1. März 1856 war die Strecke bis Auschwitz fertiggestellt. Ab diesem Tag konnte man direkt von Wien nach Krakau gelangen, das letzte Stück allerdings per Staatsbahn.

Die Nordbahn kam aber doch noch in den Besitz der gesamten Strecke nach Krakau. Denn wieder einmal ging es den österreichischen Finanzen nicht gerade prächtig. Der leidgeprüfte Ressortchef, Baron Bruck, sah als Ausweg aus dem Dilemma den Verkauf von staatlichem Besitz: Ländereien, Bergwerke, Bahnlinien. Vom Staat gebaute Eisenbahnen gab es damals bereits eine ganze Menge; man hatte die k. k. nördliche Staatsbahn geschaffen, die sich von Olmütz und Brünn über Prag nach Bodenbach (Podmokly) an der Grenze zu Sachsen erstreckte (dort hatte übrigens von 1845 bis 1850 die Nordbahn auf Rechnung des Staates die Betriebsführung innegehabt, ehe die Linie 1850 von den Staatsbahnen selbst geführt und schließlich 1855 an die Staatseisenbahngesellschaft verkauft wurde); die Wien-Gloggnitzer-Bahn war angekauft, die Semmeringbahn erbaut und als „k. k. südliche Staatsbahn“ bis nach Triest verlängert worden. Und schließlich hatte man auch die unzusammenhängenden Teile der ungarischen Zentralbahn geschluckt und zum Netz Marchegg – Preßburg – Budapest – Szeged unter dem Namen „k. k. südöstliche Staatsbahn“ ausgebaut.

Die Nordbahngesellschaft nützte nun den Ausverkauf von Staatseigentum. Sie schwamm zwar nicht gerade im Geld, stand aber im Gegensatz zum Fiskus finanziell doch recht gut da. Man begann über einen Verkauf der östlichen Staatsbahnstrecken zu verhandeln. Vielleicht würde die Nordbahn doch noch einmal das alte Rieplsche Konzept verwirklichen können und bis nach Brody vorstoßen? Vorläufig wollte man sich mit den bereits vorhandenen Strecken begnügen, die mittlerweile schon über Krakau hinaus bis nach Rzeszów reichten.

Der Staat brauchte zwar Geld, aber politisch kurzsichtig war er keineswegs. Für den Verkauf der Strecke bis Krakau an die Nordbahn sah man keine Schwierigkeiten. Über die Ab-

Von der Schnellbahnhektik keine Spur:
Bahnhof Floridsdorf anno 1873

schnitte im östlichen Galizien wollte man hingegen nicht vorschnell entscheiden. Vielleicht war es politisch klüger, diese Teile an einheimische Bewerber abzutreten, Interessenten gab es ja genug. Und so kam es dann auch. Am 1. August 1858 verkaufte man an die galizische Carl-Ludwigs-Bahn.

Bereits am 27. Jänner 1858 waren sich Nordbahn und Staatsverwaltung einig geworden: Für 5.108.907 Gulden konnte die Nordbahngesellschaft die gesamte Strecke Wien – Krakau ihr eigen nennen. Gleichsam als Zugabe bekam sie noch die kurzen Strecken Trzebinia – Myslowitz (Myslowice) zur preußischen Grenze und jene nach Granica zur russischen Grenze mitgeliefert. Man hatte es wieder einmal geschafft.

Verhängnisvolles Geheimprotokoll

Die Nordbahn war allerdings nicht die einzige Gesellschaft, die dem Staat Eisenbahnen abkaufte; schon drei Jahre zuvor hatte dieser die nördliche und die südöstliche Staatsbahn an den österreichischen Ableger der französischen Gesellschaft „Crédit Mobilier" aus Paris, die „Mobiliarkredit-Bank", verkauft, die am 1. Jänner 1855 die Strecken in Böhmen und Ungarn übernahm. Damit begann eine Reihe von Schwierigkeiten, bei denen die Franzosen und die Nordbahn heftig aneinander gerieten.

Die beiden ehemaligen Staatsbahnlinien hatten nämlich einen entscheidenden Nachteil: Sie waren nur durch eine Strecke der Nordbahn miteinander verbunden. Deshalb hatte man neben dem offiziellen Kaufvertrag noch ein geheimes Zusatzprotokoll vereinbart: Das gestattete der Staatseisenbahngesellschaft (STEG), so nannte sie sich nun, von Marchegg, also dem Ausgangspunkt der südöstlichen Staatsbahn, eine eigene Linie nach Brünn einzurichten, wo die ehemalige nördliche Staatsbahn begann. Außerdem sagte der Handelsminister noch zu, daß die STEG auch einen Anschluß zwischen Marchegg und Wien herstellen dürfe. Einziger Schönheitsfehler: Die Nordbahn wußte von dieser Geheimvereinbarung nichts.

So ging anfangs auch noch alles ganz gut. Die STEG führte ihre Züge nach Ungarn brav über die Nordbahnstrecke Wien – Gänserndorf – Marchegg. Der Frieden war aber mehr als trügerisch, denn schon sehr bald kam es zu ernsten Meinungsverschiedenheiten. Der Streit entbrannte einmal mehr ums liebe Geld, genauer gesagt um die Frachtkosten. Für die direkten Güterwaggons, die aus Ungarn nach Böhmen dirigiert wurden, mußte die STEG nämlich die Nordbahnstrecke Marchegg – Gänserndorf – Brünn benutzen; erst dann hatte sie wieder eigene Schienen unter den Rädern. Für die Nordbahn war die Sache ein gutes Geschäft: Sie ließ sich die Überstellfahrten von

Aktuelle Wirklichkeit in Marchegg: ČSD-Lok T 669 1010 vor dem Zug 2591 nach Bratislava (Juli 1985)

Marchegg nach Brünn, rund 130 Kilometer, teuer bezahlen; zu teuer, wie die STEG meinte. Wenn sie schon einen so hohen Preis bezahlen mußte, wollte sie ihre Züge zumindest bevorzugt behandelt sehen. Die Nordbahn zeigte sich auch in diesem Punkt stur. Auf den für die STEG wichtigen Strecken hatte sie ja das Monopol. Die Staatseisenbahngesellschaft war auf ihre Dienste angewiesen, also sollte sie nur bezahlen. Und daß Nordbahnzüge Vorrang hatten, war auch klar; die Nordbahn war ja schließlich der „Hausherr“!

Schon von Beginn an war das Verhältnis der beiden Gesellschaften zueinander nicht das beste gewesen. Die Nordbahn mokierte sich darüber, daß die STEG sofort nach ihrer Gründung den Beamten und Angestellten eine Erhöhung der Bezüge und klingende Titel zugestanden hatte. Das wirkte sich auf die Nordbahn in zweierlei Hinsicht aus: Erstens drängte ein Teil der Bediensteten zur besser zahlenden Konkurrenz – die auch eine regelrechte Abwerbungspolitik betrieb –, und zweitens weckte die Personalpolitik der STEG die Unzufriedenheit der eigenen Angestellten.

In einem anderen Fall wäre die Nordbahngesellschaft wahrscheinlich nicht so unnachgiebig gewesen. Aber hier kam nicht nur der wirtschaftliche, sondern auch ein gewissermaßen privater Faktor zum Tragen. Die STEG war ja eine Schöpfung der französischen Crédit Mobilier, die wiederum den Brüdern Pereira gehörte, die mit dem Haus Rothschild in Konkurrenz standen. War der Handel mit Staatsanleihen bisher ausschließlich in der Hand Rothschilds gewesen, so tauchte nun ein überaus unangenehmer Mitbewerber auf. Alles das betraf eigentlich nur den französischen Zweig der Familie Rothschild; aber angeblich ist ja Blut dicker als Wasser, und so benutzte auch Baron Rothschild in Wien jede Möglichkeit, um den Pereiras auf dem Umweg über die STEG Prügel vor die Füße zu werfen.

Gestärkt durch das Bewußtsein, für den Fall der Fälle die geheime Zusage des Staates für eine eigene Bahnstrecke als Trumpf ausspielen zu können, ging die STEG nun in die Offensive und forderte eine Fusion mit der Nordbahn. Das kam für diese allerdings überhaupt nicht in Frage. Denn während die Kaiser-Ferdinands-Nordbahn langsam aber sicher in die Gewinnzone kam, mußte die Staatseisenbahngesellschaft noch eine Menge in den Ausbau ihres Netzes in Ungarn investieren. Was dies bei einer Vereinigung der beiden Gesellschaften bedeutet hätte, war klar: Für die Nordbahnaktionäre wäre der Erlös aus den Dividenden spürbar verringert worden. Den Vorschlag der STEG konnte man also kaum akzeptieren. Nun fuhr die Staatseisenbahngesellschaft mit schweren Geschützen auf: Sie verlangte den Bau einer eigenen Linie Wien – Marchegg – Brünn; aber auch die Erlaubnis, zwischen Marchegg und Brünn parallel zur Nordbahnstrecke zwei unabhängige Fernzugsgeleise zu verlegen, wäre für die STEG annehmbar gewesen.

Nicht aber für die Nordbahn. Diese glaubte ja, durch ihr ausschließliches Privileg im Recht zu sein. Dort stand es ja schwarz auf weiß zu lesen, daß sich „jedermann enthalten solle . . . Seitenbahnen nach Brünn . . ., zu errichten". Ganz so eindeutig war der Rechtsstandpunkt der Nordbahn aber nicht. Im Privileg war ausdrücklich von „Seitenbahnen nach Brünn . . ." die Rede. Aber die STEG beabsichtigte ja auch keine Seitenbahnen nach Brünn zu bauen, sondern eine gänzlich neue Fernverbindung zwischen Wien und Brünn. Außerdem besagte eine kaiserliche Verordnung vom 14. September 1854, daß Konkurrenzbahnen dann zulässig wären, wenn sie neue Gebiete erschlössen; man hatte dabei natürlich vor allem die wirtschaftlichen und militärischen Vorteile einer Eisenbahn vor Augen. Warum sollte man auch keine Bahn von Wien nach Brünn bauen dürfen, wenn sie etwa über Budweis und Iglau führte?

So ähnlich dachte man vielleicht auch im Handelsministerium, als man 1859 ein Ansuchen der Staatseisenbahngesellschaft um Bewilligung zum Bau der Linie Wien – Brünn auf dem Schreibtisch vorfand. Außerdem konnte man jetzt schwerlich nein sagen, hatte man doch vier Jahre zuvor der STEG in dem besagten geheimen Passus des Zusatzprotokolls dieses Zugeständnis gemacht. Es blieb also nichts übrig, als dem Ansinnen der STEG zuzustimmen.

Das ließ die Nordbahn natürlich nicht ruhen. Sie erhob gegen diese Entscheidung unter Hinweis auf ihr „ausschließliches Privileg" sofort Einspruch. Was nun folgte, war ein Rechtsstreit enormen Ausmaßes. Die Juristen lachten sich ins Fäustchen, für viele von ihnen war es das Geschäft ihres Lebens. Gutachten und Gegengutachten wurden erstellt, Universitätsprofessoren schlugen sich mit Spitzfindigkeiten und Wortklaubereien herum. In den verschiedenen Zeitungen konnte man die unterschiedlichen Standpunkte der beiden Kontrahenten abgedruckt finden. Dabei hatte die Nordbahn sicher den schwereren Stand, denn es war allen ganz klar, daß sie vor allem um ihre Monopolstellung kämpfte, die schon seit längerer Zeit in der Öffentlichkeit heftig angegriffen wurde.

Nach dem massiven Nordbahnprotest machte der Handelsminister allerdings einen Rückzieher und lehnte das Ansuchen der STEG ab. Damit war der Streit aber noch keineswegs entschieden. Im Jahre 1863 suchte die Nordbahn nämlich um eine Konzession für den Ausbau ihres Stockerauer Flügels über Krems nach Budweis an. Kaum hatte die STEG von der Sache Wind bekommen, hatte sie nichts Eiligeres zu tun, als gleichfalls ein Gesuch um Baubewilligung für dieselbe Strecke einzureichen. Gleichzeitig wollte sie auch die Strecken Gmünd – Prag und Horn – Platt – Znaim (Znojmo) – Tečitz (in der Nähe von Brünn) errichten. Die Nordbahn reagierte nun wie ein trotziges Kind und bewarb sich ebenfalls um diese Linien. Das Handelsministerium unternahm in der Frage dieser Konzessionsansuchen vorderhand einmal nichts, vielmehr versuchte der zuständige Minister Graf Wickenburg, die beiden Streithähne noch einmal an einen Tisch zu bekommen. Aber vergeb-

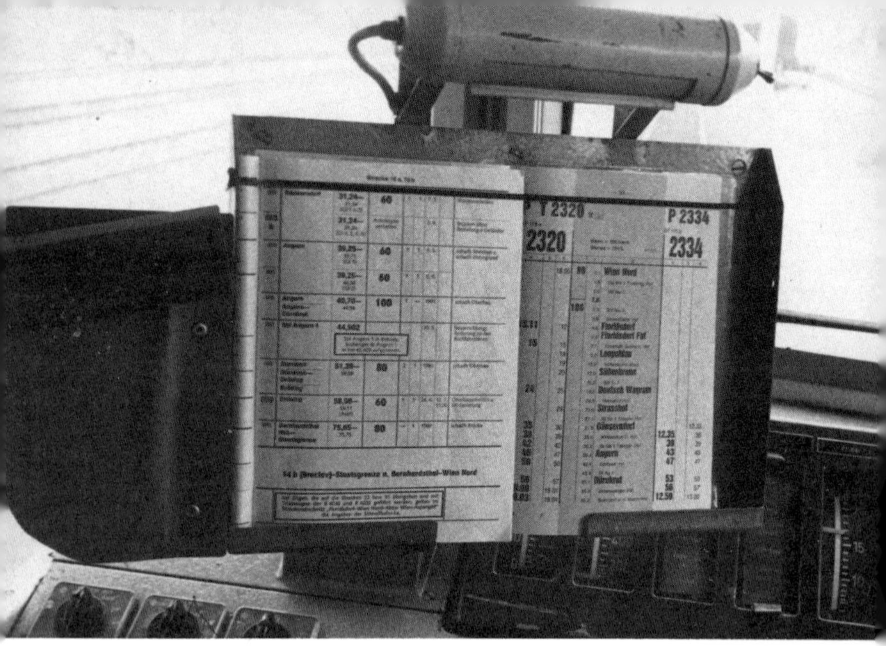

Fahrbetrieb auf der Nordbahn anno 1985: Buchfahrplan auf dem Führerstand einer E-Lok der Reihe 1042.500 (Juni 1985)

lich. Man blieb stur. Jeder beharrte auf seinem vermeintlichen Recht.

Das Ministerium mußte nun die Konzessionsansuchen der Nordbahn und der STEG entscheiden. Den Ausbau des Stockerauer Flügels wollte man der Nordbahn allerdings nur dann zugestehen, wenn sie sich verpflichtete, kleinere Nebenbahnen im Bereich Pilsen und Prag zu errichten. Daran hatte die Nordbahn allerdings kein Interesse, da man sich davon nur viel Arbeit und wenig Gewinn versprach. Daraufhin erteilte man der Staatseisenbahngesellschaft die Bewilligung zum Bau der Linien Marchegg – Stadlau – Wien und Stadlau – Laa an der Thaya – Brünn. Das STEG-Netz war zusammengewachsen. Wenn auch die Nordbahn nach diesem Beschluß sofort Einspruch erhob, blieb der Minister doch hart. Die STEG durfte bauen, die Nordbahn hatte das Nachsehen. In ihrer Verzweiflung trat sie nun zum letzten Kampf an: Sie verklagte Staat und STEG wegen Verletzung ihres ausschließlichen Privilegs. Den Gerichten war die ganze Sache aber offenbar nicht ganz geheuer, und sie zogen ihren Kopf rasch aus der Schlinge: Nicht zuständig! Nun war der Streit entschieden.

Allzuviel Freude hatte die STEG mit ihren Linien allerdings nicht. Der Güterverkehr zwischen Ungarn und Böhmen war zwar zufriedenstellend, der Personenverkehr auf der Brünner Strecke aber unbefriedigend. Die Nordbahn lag klar vorne; erstens hatte sie die kürzere Strecke, um elf Kilometer zwar nur, aber die ungünstigen Geländeverhältnisse der STEG-Trasse brachten um vieles längere Fahrzeiten. Mit der Nordbahn war man um eine halbe Stunde schneller, und das zählte.

„Die Locomotive als Bundesgenosse des Krieges“

Zur Beendigung des leidigen Streites trugen nicht allein die Entscheidung des Handelsministeriums und der abgewiesene Protest der Nordbahngesellschaft bei. Die Nordbahn war nämlich bald darauf in Ereignisse verwickelt, die ihr weit mehr zu schaffen machten als die Konkurrenz der Staatseisenbahngesellschaft. 1866 herrschte wieder einmal Krieg; diesmal ging es gegen Italien und Preußen.

Daß die Eisenbahn von strategischer Bedeutung war, hatten die Militärs in Österreich schon bald erkannt. Mochten die Züge noch so langsam fahren, schneller als in Fußmärschen verlegte Truppen waren sie allemal. So versuchte man sich bereits im Sommer 1841 mit einem größeren Militärtransport per Bahn. 650 Soldaten des 12. Jägerbataillons wurden mit Sack und Pack in Ungarisch-Hradisch auf die Nordbahn verladen und in sieben Stunden nach Brünn verfrachtet. Die Mannschaft wurde in offenen Waggons, die Offiziere in geschlossenen Personenwagen befördert, Bagage und Pferde waren in eigenen Wagen untergebracht. „Die Schiene, die Locomotive ist ein Bundesgenosse des Krieges geworden, die Eisenbahn, wie sie im Frieden Segen verbreitet, wird im Kriege eine mächtige Waffe werden . . .“[40] jubelten die Militärs anläßlich dieser geglückten Aktion. Daß dies kein Einzelfall war, zeigt ein Bericht aus dem Jahr 1842. Damals wurden 850 Mann „mit einer Maschine“, wie ausdrücklich angemerkt wird, von Brünn nach Wien befördert. Welche Bedeutung man solchen Transporten beimaß, zeigt schon die Tatsache, daß sich der Kaiser und einige Erzherzöge am Nordbahnhof eingefunden hatten, um die Ankunft des Militärzuges zu erwarten. Die Nordbahn war jedenfalls stolz, die „allerhöchste Zufriedenheit des Kaisers“ erlangt zu haben.[41]

1846 stellte die Nordbahn noch einmal ihre Fähigkeiten unter Beweis. Diesmal waren es sogar 2000 Soldaten, die man von Olmütz nach Wien brachte, die „in munterster Laune und im frischesten Zustande eintrafen".[42] Man benötigte dazu zwei Sonderzüge; innerhalb von zweieinhalb Tagen war die Truppenverlegung abgeschlossen. Hofkriegsrat und Generalität waren beeindruckt. Man faßte den Beschluß, sich ab sofort, wann immer es möglich war, bei Militärtransporten der Eisenbahn zu bedienen. Natürlich nicht gratis, zahlen mußte auch das Militär: drei Kreuzer pro Kopf und Meile und ein und einviertel Kreuzer für jeden Zentner Gepäck, so hatte man es mit den Staats- und Privatbahnen vereinbart.

Ihre erste Feuertaufe erlebte die Nordbahn dann während der 48er Revolution, als sie Truppen Windischgrätz' zur Niederwerfung des Aufstandes nach Wien brachten.

Und 1866 war es wieder so weit: Der Kaiser rief zu den Waffen, und auch die Nordbahn wurde zum Kriegsdienst vergattert. Ein großer Teil der Truppenbewegungen der österreichischen Nordarmee unter dem Kommando des Feldzeugmeisters Ludwig Benedek wurde über die Nordbahnstrecken abgewickelt. Während sechs Wochen beförderte man 568 Militärzüge mit 256.000 Mann, 35.600 Pferden und 4928 Fahrzeugen. Dazu kamen dann noch Kranken- und Verwundetentransporte sowie Nachschubzüge. Das machte bis zum Kriegsende 1568 Züge, die in 37.069 Waggons insgesamt 490.803 Mann, 53.607 Pferde, 7754 Fahrzeuge und 61.174 Tonnen an Nahrungsmitteln und Material beförderten.[43]

Nach der verlorenen Schlacht bei Königgrätz vom 23. Juli 1866 konnte es gar nicht schnell genug in Richtung Heimat gehen. Wieder leistete die Nordbahn beim Rückzug der österreichischen Armee gute Dienste. Nur bis zum 15. Juli allerdings, denn an diesem Tag erreichten die Preußen die Nordbahnstrecke zwischen Ungarisch-Hradisch und Lundenburg, und die Truppen mußten sich wieder per pedes absetzen.

Je rascher und weiter der Gegner vorrückte, desto ärger wurde auch die Nordbahnstrecke in Mitleidenschaft gezogen, da die österreichische Armee eine Politik der „verbrannten Erde" betrieb, um den Feind an der Benützung der Eisenbahn zu hindern. In erster Linie boten sich dazu natürlich Brücken an. Schon im Juni waren die Grenzbrücken über die Weichsel bei Myslowitz gesprengt worden. Mitte Juli mußten dann

Streckenteile zwischen Brünn und Lundenburg dran glauben, am 16. Juli machte man die Thayabrücken bei Lundenburg zu Brennholz, und bis nach Gänserndorf demolierte man Pumpen und Brunnen. Von nun an bestand große Gefahr für Wien. Die Preußen standen bereits im Marchfeld und planten, über Preßburg nach Ungarn einzufallen. So flog auch die gemauerte Grenzbrücke bei Marchegg in die Luft.

Am 26. Juli war der Spuk dann vorüber. In Nikolsburg (Mikulov) unterzeichnete man die Friedensvereinbarungen, und die Preußen zogen ab. Für die Nordbahn begann nun ein Stück harter Arbeit. Zerstörte Brücken mußten wiederaufgebaut, abgetragene Gleisstücke erneuert, Gebäude, Bahnhöfe und Wasserkräne instand gesetzt werden. Kurz, die Kriegsschäden waren so rasch wie möglich zu beseitigen, um wieder ungestörten Verkehr zu ermöglichen.

Wenn der Krieg auch nicht Vater aller Dinge ist, der Veranlasser mancher Eisenbahnlinien war er doch. Als nämlich Franz Joseph im Herbst des Kriegsjahres die verheerten Landstriche durch seine Anwesenheit beehrte, meinte er, daß man durch den Bau neuer Bahnlinien die Kriegsschäden bald behoben haben würde. Das wirkte wie ein Signal. Gleich darauf langte ein Konzessionsansuchen einiger Großgrundbesitzer und Indu-

Auf der Grenzbrücke über die March: ČSD-Lok T 669 2002 vor Zug 2590 mit dem Kurswagen aus Moskau (Juli 1985)

strieller aus Mähren ein, die die Linien Brünn – Olmütz – Jägerndorf (Krnov) – Sternberg (Šternberk) sowie Nezamislitz (Nesamyslice) – Prerau errichten wollten. Da die Nordbahn keine Lust verspürte, in ihrem Einflußbereich neuerdings mit fremden Bahngesellschaften zusammenzuleben – sie fürchtete wohl erneut einen Privilegiumsstreit –, reichte sie selbst um die Baubewilligung für diese Strecken ein, stellte allerdings auch einige Bedingungen. Die neuen Linien sollten ein selbständiger Wirtschaftskörper bleiben und mit der eigentlichen Nordbahn nichts zu tun haben; außerdem forderte man vom Staat eine Zinsgarantie. Das Ministerium war mit allem einverstanden – dort war wohl auch noch der Streit KFNB – STEG in böser Erinnerung – und erteilte am 6. Mai 1867 alle nötigen Bewilligungen. Zwei Jahre lang verbaute man 24,5 Millionen Gulden. Am 29. August 1869 rumpelten die ersten Güterzüge über die Strecke, und ab 1. Mai 1870 konnte man auf der „Mährisch-Schlesischen Nordbahn“ (unter diesem Titel firmierten die neuen Linien) auch reisen.

KFNB – Kein Fleisch, Nur Brot?

Die Kriegsereignisse der Jahre 1848 und 1866 mit allen ihren Zerstörungen, aber auch der lange andauernde Streit mit der Staatseisenbahngesellschaft, waren für die Entwicklung der Nordbahn nicht gerade vorteilhaft gewesen, aber trotz allem konnte sich die Gesellschaft als eine der führenden Bahnlinien der Monarchie behaupten. Sie hatte Österreich nicht nur die erste Dampfeisenbahn überhaupt beschert, sondern trat auch später immer wieder durch nicht gerade typisch österreichischen Pioniergeist hervor. Auch innovationsfreudig war sie. Und der Spottvers „Kein Fleisch, nur Brot“ – das sollte bedeuten, daß die Nordbahn nur das Allernotwendigste und kein Jota mehr gemacht oder veranlaßt hätte – stimmte auch nicht. Desinteresse am Bahnbetrieb konnte man ihr wirklich nicht nachsagen.

So führte die Nordbahn 1844 als erste Eisenbahn Europas einen planmäßigen Nachtverkehr ein. Bis dahin durften Personenzüge nur tagsüber verkehren, während die Nachtstunden den Gütertransporten vorbehalten waren. Nun ging täglich um halb drei Uhr nachmittags ein Zug vom Wiener Nordbahnhof nach Brünn ab, der von dort um elf Uhr nachts die Rückreise nach Wien antrat. „Dadurch wird dem Publikum die Erleichterung geboten, sich zweimal des Tages der Bahn bedienen und zur Fahrt von Brünn nach Wien die Nacht benützen zu können.“[44] Die Nachtverbindungen bewährten sich recht gut, denn die Nordbahn stellte fest, daß „die seit vier Jahren gewonnenen Erfahrungen lehrten, daß kein Hindernis zur Benützung der Bahn bei Nacht obwaltet“.[45]

In den vierziger und fünfziger Jahren waren die Nachtfahrten noch wenig bequem. Deshalb begann man bald, in den Wagen der I. Klasse ausziehbare Sitze und umklappbare Fußschemel einzubauen; nun konnte man in den Nachtstunden schon wesentlich angenehmer reisen.

Schlafwagen gab es allerdings damals noch keine, wie die Nordbahn überhaupt kein besonderer Freund dieser Einrichtungen war. Dem kaufmännisch orientierten Privatunternehmen waren die schweren und teuren Waggons viel zu wenig ausgelastet. Deshalb begnügte man sich anfangs mit Erste-Klasse-Wagen, die ein Bettabteil besaßen. Ein Liegewagen fuhr ab dem Fahrplan 1868/69 auf der Strecke Wien – Krakau und weiter nach Warschau oder über Czernowitz nach Jassy. Beim Liegewagen rechtfertigte sich die Zurückhaltung der Nordbahn: Er war bei den Reisenden nicht sehr beliebt und meist leer.

Schlafwagen, die man wirklich als solche bezeichnen konnte, fuhren auf der Nordbahn erst ab der Mitte der siebziger Jahre. Sie wurden von der „Compagnie Internationale de Wagon Lits" bewirtschaftet und liefen auf den Routen Wien – Warschau und Wien – Krakau. Eine Verbesserung des Schlafwagendienstes war erst mit der Verstaatlichung der Nordbahn im Jahre 1906 festzustellen.

Viel besser sah es auch bei den Speisewagen nicht aus, die ebenfalls mehr als stiefmütterlich behandelt wurden. Man bot allerdings eine interessante Alternative. Die von Hunger und

Mit Stil ans Ziel: Speisewagen waren im 19. Jahrhundert kein Ärgernis

Durst Geplagten konnten ihre Wünsche beim Schaffner deponieren; bei der nächsten Haltestelle gab sie dieser dann per Bahntelegraph an die Bahnhofswirtschaften in Lundenburg, Napagedl, Prerau oder Oderberg weiter. Dort konnte man nun in Ruhe das Mittag- oder Abendessen zubereiten, und bei Ankunft des Zuges wurde das Menü auf Tabletts in die Abteile gereicht. Das war mitunter auch die einzige Verpflegungsform für die Reisenden der III. Klasse. Denn die durften auf einigen Zügen den Speisewagen – so es ihn manchmal doch gab – überhaupt nicht, bei anderen nur auf bestimmten Streckenabschnitten benutzen.

Mit den Nachtzügen tauchte natürlich auch das Beleuchtungsproblem auf. Die Bahnhofsgebäude wurden mit Pechfackeln und Pechpfannen beleuchtet. In den Waggons brannten, wenn überhaupt notwendig (Tunnels gab es ja auf den Nordbahnstrecken keine), kleine Talglichter; für länger dauernde Beleuchtung, wie es in den Nachtzügen ja notwendig war, eine recht unbrauchbare Lösung. Man machte sich also auf die Suche nach Alternativen und fand sie in Form von Öl, besser gesagt, Petroleum. Ab 1851 beleuchtete die Nordbahn, als erste Gesellschaft in Österreich, ihre Bahnhöfe und Züge mit Petroleumlampen; vorerst allerdings nur die Waggons I. und II. Klasse. Die Passagiere der III. und IV. Klasse durften im Dunkeln frieren. Die Nordbahn war es dann auch, die die ersten elektrisch beleuchteten Waggons führte. Im Jahre 1893 stattete man zwanzig Wagen, die zwischen Wien und Krakau verkehren sollten, mit einer Akkumulatorenbeleuchtung aus. Die Idee war gut, sie stammte allerdings nicht aus Österreich: Diese Methode verwendete man seit einiger Zeit schon mit großem Erfolg auf der Schweizer Jura-Simplon-Bahn.

Natürlich gab es auch bei der Elektrobeleuchtung Klassenunterschiede: Brannten in der I. und II. Klasse 14 Zweieinhalb-Watt-Lampen, waren es in der III. nur acht. Die Akkus wurden in Wien geladen und getauscht.

Der Nachtbetrieb hatte eine weitere Auswirkung. Da die Gefahrenquellen in der Dunkelheit noch weitaus größer waren als bei Tag, begann man nun, ein bescheidenes Signalwesen einzuführen. Auf Anraten Ghegas stellte man entlang der Strecke sogenannte Korbsignale auf. Das waren Holzmaste, an denen mehrere Körbe aufgezogen werden konnten. Je nach

Anzahl und Stellung der Körbe konnten nun verschiedene Meldungen von einem Bahnwärter zum anderen weitergereicht werden, die von „Der Zug kommt aus der Richtung von Wien" bis zu „Eine Hilfsmaschine soll kommen" reichten; bei Nacht wurden zusätzlich noch Laternen an den Masten befestigt. Später verwendete man statt der Körbe Signalarme, Vorläufer der Formsignale, die durch die Signalnorm von 1872 für alle österreichischen Bahnen verbindlich eingeführt wurden und die man auf manchen Strecken noch heute finden kann.

Die Nordbahn hat sich um noch eine Einrichtung verdient gemacht, die eindeutig zum Wohlbefinden der Passagiere beigetragen und manchen Erleichterung verschafft hat: das WC im Waggon! Was wie eine Nebensächlichkeit aussieht, war in Wirklichkeit gar keine Kleinigkeit. Was, wenn einen bei stundenlanger Bahnfahrt ein „menschliches Rühren" überkommt und es kein stilles Örtchen gibt? Die einzige Möglichkeit bestand darin, bei der nächsten Haltestelle oder im nächsten Bahnhof das Weite zu suchen und sich auf die dort befindliche ärarische Toilettenanlage zu flüchten. Man konnte nur hoffen, daß nicht allzu viele der Mitreisenden dasselbe Bedürfnis verspürten und man sich in die Schlange der hoffnungsvoll Wartenden nicht an einem aussichtslosen Platz einreihen mußte. Auch die naturgemäß knapp bemessenen Aufenthaltszeiten – schließlich ist die Bahn ja zum Fahren und nicht zum Stehen da – waren oft einer zufriedenstellenden Erledigung der Geschäfte im Wege.

Die Bahn hatte Erbarmen, und so entschloß man sich, wenigstens in den Dienstwagen Aborte einzurichten. Eine revolutionäre Tat, wenn man bedenkt, daß Mitte der sechziger Jahre des vorigen Jahrhunderts selbst Salonwagen ohne Toiletten auskommen mußten. 1869 begann dann die Nordbahn – wieder einmal als erste österreichische Bahnlinie – mit der kundenfreundlichsten Kampagne der damaligen Zeit: dem Einbau von WC-Anlagen in die Personenwaggons, allerdings nur in die I. und II. Klasse.

Eine andere wichtige Neuerung hatte die Nordbahn bereits am 1. August 1850 ins Leben gerufen, als zwei Postwaggons, richtige Postämter auf Schienen, regelmäßig zwischen Wien und Oderberg verkehrten.

Je mehr sich die Bahn zum serviceorientierten Transportunternehmen entwickelte, desto mehr versuchte sie auch, die Reisegeschwindigkeiten zu steigern. 1838, im Eröffnungsjahr der Strecke Wien – Deutsch Wagram, waren 30 Stundenkilometer als Höchstgeschwindigkeit zugelassen; 1842 konnte man schon mit durchschnittlich 38 km/h bis Leipnik gelangen. Die ersten durchgehenden Züge bis Oderberg brachten es auf 45 Kilometer in der Stunde. Nach Fertigstellung der gesamten Hauptstrecke bis Krakau verkehrten die Personenzüge auf der Nordbahn bereits mit 76 km/h, und ab Mitte der sechziger Jahre waren 80 bis 90 Stundenkilometer an der Tagesordnung.

Mit zunehmender Geschwindigkeit wurde es bald notwendig, Züge auf längeren Strecken mit verschiedenen Geschwindigkeiten und mehr oder weniger Aufenthalten zu führen. Das war die Geburtsstunde der „Schnellzüge"; der erste seiner Art wurde von der Südbahn 1857 auf der Relation Wien – Laibach (Ljubljana) eingesetzt. Auf der Nordbahn verkehrte der erste Schnellzug am 1. April 1861 von Wien über Marchegg und Preßburg nach Budapest, selbstverständlich mit Aufpreis, dem unseligen „Schnellzugszuschlag". Bald folgten auch Schnellzüge nach Brünn und Krakau.

Um die Jahrhundertwende waren es die sogenannten „Blitzzüge" nach Krakau, die der Nordbahn Reputation brachten. Für die rund 412 Kilometer lange Strecke brauchte man anno 1889 8 Stunden 42 Minuten, 1906 6 Stunden 53 Minuten, 1912 7 Stunden und 5 Minuten und im Ersten Weltkrieg anno 1917 7 Stunden und 54 Minuten. Die schnellste Verbindung zeigt das Kursbuch von 1901, als man 6 Stunden und 43 Minuten nach der Abfahrt in Krakau aussteigen konnte.

Fahrzeiten, bei denen wir heute vor Neid erblassen. Abgesehen davon, daß man 1914 noch täglich vier Schnellzüge von Wien nach Krakau abfertigte, während heute keine direkte Verbindung besteht – außer im Sommerfahrplan, der einen direkten Liegewagen der PKP (Polnische Staatseisenbahn) nach Krakau vorsieht –, sind auch die Fahrzeiten um einiges länger geworden; wie schon erwähnt, ist das aber nicht die Schuld der Eisenbahn, sondern der Politik, da man im Schnitt mit gut zweieinhalb Stunden Stehzeit an den diversen Grenzen rechnen muß. Im Winter schafft man es dann mit Umsteigen in Kattowitz (Katowice) in 10 Stunden und 50 Minuten, im Sommer braucht man mit Kurs-(Liege-)wagen knappe 10 Stunden.

Die „Blitzzüge“ der Jahrhundertwende bestanden in der Regel aus acht Waggons I. und II. Klasse und einem dreiachsigen Speisewagen. Ihren guten Ruf hatten sie nicht nur ihrer Schnelligkeit, sondern ebenso ihrer Pünktlichkeit zu verdanken. „Pünktlich wie die Nordbahn“ hieß es, und man konnte die Uhr nach den Zügen stellen. Und wehe dem Lokomotivführer, der Verspätungen verursachte, die er dann nicht mehr einbringen konnte. Da war man bei der Nordbahn gar nicht zimperlich. In einem solchen Fall konnte der Arme einen Teil seines nächsten Gehalts bereits vergessen!

In dieser Zeit galt die Nordbahn als schnellste Bahn der Monarchie überhaupt. Eine internationale Untersuchung zeigte, daß die Schnellzüge auf der Nordbahn im Schnitt mit einer Reisegeschwindigkeit von 50 bis 64 km/h verkehrten, bei der STEG wurden 45 bis 61 km/h gemessen, und die Südbahnschnellzüge brachten es überhaupt nur auf 37 bis 56 km/h.

Mit der Nordbahn war man aber nicht nur schnell, sondern auch preisgünstig unterwegs. Denn hier gab es die niedrigsten Fahrpreise in der ganzen Monarchie. Das änderte sich erst, als 1885 einheitliche Tarifsätze eingeführt werden mußten, die sich an den Fahrpreisen der k. k. Staatsbahn orientierten.

Der Paradezug der Nordbahn war der ab 1898 verkehrende St. Petersburg-Warschau-Wien-Nizza-Cannes-Expreß. Dieser von der Internationalen Schlafwagengesellschaft mondän aus-

Gediegener Komfort zur Jahrhundertwende: Reisegesellschaft vor dem Wien-Nizza-Cannes-Expreß

gestattete Zug stellte die kürzeste Verbindung zwischen Rußland, Ostpreußen, Österreich, Italien und Frankreich her. Sonntag oder Donnerstag um halb elf Uhr abends verließ man St. Petersburg, war am Dienstag bzw. am Samstag um acht Uhr morgens in Wien und Mittwoch bzw. Sonntag zu Mittag in Nizza oder Cannes. Der Expreß verkehrte nur von Mitte Oktober bis Ende April. Seine vornehmste Aufgabe war es, die russischen Großgrundbesitzer und Adeligen, die wie die Zugvögel den wärmenden Süden ihrer rauhen Heimat vorzogen, zu ihren Winterquartieren an die Riviera zu bringen. Von der russischen Grenze bei Granica bis Wien benutzte der Expreß die Nordbahntrasse. Der meist nur sehr schwach frequentierte Expreß, etwa 20 bis 30 Personen pro Zug, bestand normalerweise aus zwei Schlafwagen und einem Gepäckwagen; Speisewagen führte er nur in Rußland und ab Wien, auf der Nordbahnstrecke verzichtete man darauf, da er zwischen Mitternacht und acht Uhr früh wohl ohnedies nur schwach besucht gewesen wäre!

Daß der Expreß für die Nordbahn eine Prestigeangelegenheit war, sieht man allein an der Tatsache, daß zwischen Granica und Wien nicht weniger als neun (!) Lokomotiven bereitstanden, um bei unvorhergesehenen Zwischenfällen oder Schwierigkeiten einspringen zu können.

Vom Wiener Nordbahnhof mußte der Expreß dann zur Südbahn überstellt werden, und zwar über die Verbindungsbahn. Diese hatte die Nordbahn gemeinsam mit Südbahn, Staatseisenbahngesellschaft, Nordwestbahn und Franz-Josephs-Bahn 1870 dem Staat um zwei Millionen Gulden abgekauft. Für den Betrieb war die Nordbahn vom Nordbahnhof bis Hauptzollamt verantwortlich, von dort bis zum Südbahnhof führte die Südbahn Regie.

Die Nordbahn hatte aber nicht nur ein Herz für die Reisenden, sondern, und das war damals eine Seltenheit, auch für ihre Arbeitnehmer. So entschloß sich die Direktion schon 1844 – ohne Druck von Gewerkschaftern oder anderen Funktionären, sondern ganz freiwillig –, für die Bediensteten eine Altersvorsorge zu schaffen. Dies war gerade damals beileibe nichts Alltägliches! Es wurde ein Pensionsfonds gegründet, in den jährlich 4000 Gulden aus den Betriebseinnahmen wandern sollten. Die Nordbahn bezahlte an ihre Angestellten lange Zeit auch

Schöne Uniform und wenig Geld: Bahnwärter aus der Zeit um 1840

die höchsten Gehälter aller österreichischen Bahngesellschaften; ein Nordbahner verdiente jährlich etwa um ein Drittel mehr als seine Kollegen bei den k. k. Staatsbahnen. Außerdem errichtete die Nordbahn auch eine Wohnkolonie und sogar Einfamilienhäuser für ihre Bediensteten; die Bezeichnung Koloniestraße in der Wiener Brigittenau erinnert heute noch daran.

Das alles war natürlich nur der berühmte Tropfen auf den heißen Stein, denn das Leben der Eisenbahner anno dazumal war alles andere als luxuriös. Die meisten Wächterhäuser etwa bestanden aus „einem einzigen bewohnbaren Raum im Ausmaß von 16,6 Quadratmetern. In der kleinen reparaturbedürftigen Küche ist außer für den Kochherd nur für einen Geschirrständer und einen Speisekasten Platz."[46] In diesen Häusern lebten bis zu siebenköpfige Familien, die oft nicht wußten, was sie am nächsten Tag essen sollten. Denn das Gemüse, das in den kleinen Beeten vor dem Haus gezogen wurde, reichte nicht aus, und „Fleisch wurde allerdings nur an Sonntagen gegessen".

Ab 1860 beschäftigte die Nordbahn auch Frauen. Es waren

meist Angehörige von Angestellten, die Schranken und Telegraphen bedienen sowie Fahrkarten ausgeben durften. Die Voraussetzungen, unter denen das geschah, würden aber heute kaum goutiert werden: Die Frauen besaßen keine eigene Verantwortung, die trug, je nachdem, meist der Vater oder der Ehemann. Das änderte sich erst 1870; ab diesem Zeitpunkt wurden auch die Frauen für eventuelle Fehlgriffe zur Rechenschaft gezogen. Frauen verdienten auch bei weitem weniger als ihre Kollegen vom sogenannten starken Geschlecht. Aber das ist ja nichts Neues, so etwas soll es auch im sozialistischen Wohlfahrtsstaat des ausgehenden zwanzigsten Jahrhunderts geben.

Verstaatlichen oder nicht, das ist die Frage

1873 nahm der Staatsbahngedanke in Österreich einen zweiten Anlauf. Allzu großer Erfolg war ihm ja beim ersten nicht beschieden gewesen. Der Staat hatte zwar Eisenbahnen gebaut, gar nicht wenige sogar, sie aber dann doch aus Geldmangel verkaufen müssen. Dieser Ausverkauf der Staatsbahnen ging so weit, daß im Jahre 1866 bloß ganze 18 Bahnkilometer im Besitz des Staates waren. Und nun, Anfang der siebziger Jahre, wagte man einen neuen Versuch. Die Nordbahn verfolgte diese Bestrebungen aufmerksam, ja mit Unbehagen. Wer weiß, wo die Verstaatlichungspläne noch hinführen sollten! Außerdem rückte ein Termin bedrohlich näher: der 4. März 1886. An diesem Tag endete das ausschließliche Privileg für die Nordbahn, das ja mit fünfzig Jahren befristet gewesen war. Der Nordbahn stand es nun frei, um eine Verlängerung der Konzession anzusuchen. Dem Staat stand es aber ebenso frei, dies zu verweigern und die Nordbahn zu verstaatlichen.

In Österreich war man überzeugt, daß die Nordbahnkonzession bestimmt nicht verlängert werden würde; ganz sicher würde man vom Verstaatlichungsgesetz 1874 Gebrauch machen. Die österreichischen Eisenbahnpolitiker dachten in erster Linie an die positiven Bilanzen der Nordbahn, die für die Kasse der k. k. Staatsbahnen eine willkommene Aufbesserung bedeutet hätten. Bis jetzt war der Staat ja nur Besitzer von defizitären Bahnlinien geworden, mit der Nordbahn hätte man diese Abgänge vielleicht ausgleichen können.

In der Regierung war man sich dessen allerdings gar nicht so sicher. Dort fürchtete man vielmehr die Forderungen, die an eine verstaatlichte Nordbahn herangetragen worden wären: Herabsetzung der Fahrpreise und der Frachttarife, Errichtung neuer Haltestellen, Bau von Lokalbahnen, die schon von vorneherein keinen Gewinn versprachen, Vermehrung von

Stiegenhaus im Wiener Nordbahnhof: Die moderne Wirklichkeit ist trauriger

Zügen, auch um den Preis schlechter Auslastung, und was solcher Dinge mehr sind, mit denen auch die ÖBB heutzutage zu kämpfen haben. In den Spitzen der Staatsverwaltung hieß es daher: Hände weg von der Nordbahn.

Im Mai 1883 setzten sich dann Regierungsvertreter und die Nordbahndirektion an den Verhandlungstisch. Die Herren der Nordbahn wußten oder ahnten zumindest, daß in Regierungskreisen eine gewisse Skepsis gegen eine Übernahme durch den Staat herrschte. Darum begann man nun geschickt, mit verlockenden Angeboten diese Unsicherheit zu nähren. Die Gesellschaft erklärte sich bereit, auf die staatliche Zinsengarantie bei der Mährisch-Schlesischen Nordbahn zu verzichten; ja man versprach sogar alle bis zu diesem Zeitpunkt geleisteten Staatsvorschüsse und angefallenen Zinsen dem Finanzminister bar auf die Hand zurückzahlen. Diese beliefen sich immerhin auf die nicht ganz unbedeutende Summe von 22,44 Millionen Kronen. Das war aber noch nicht alles. Die Nordbahn wollte ihr Lokalbahnnetz noch um 300 Kilometer erweitern, und zwar aus der eigenen Tasche, ohne eine Krone Unterstützung durch den Staat. Das zog. Die Regierung hatte ja die nicht unberechtigte Sorge, daß der mährische Landtag, gestützt durch die Industriellen und Großgrundbesitzer, im Falle einer Verstaatlichung auf eine Verbesserung des Bahnnetzes gedrungen hätte. Und diese Sorge wollte die Nordbahn ihr nun abnehmen.

Die Regierung wollte also der Nordbahn die Konzession auf weitere 80 Jahre einräumen. Ganz so einfach ging dies aber 1884 nicht mehr, die Beschlüsse mußten durch den Reichsrat sanktioniert werden. Und dort hatten sie in der Form, wie sie am 10. März 1884 von der Regierung Taaffe vorgelegt wurden, keine Chance. In der Öffentlichkeit besaß die Nordbahn nämlich kein besonders hohes Ansehen, sie hatte viele Feinde und Neider. Man überschätzte allgemein den Einfluß, den das Bankhaus Rothschild auf die Nordbahn und über diesen Umweg auf die österreichische Innenpolitik hatte. Man gab der Nordbahn auch an den hohen Kohlepreisen die Schuld, da sie bei den Transporten aus den mährischen und schlesischen Revieren eine Monopolstellung besaß; daß die Nordbahn allerdings auch die niedrigsten Frachtkosten aller österreichischen Bahngesellschaften verlangte, erwähnte man dabei nicht. Kurz und gut: Der Öffentlichkeit schienen die Nordbahn und ihre Aktionäre zu reich zu sein.

Im Reichsrat machten besonders der Wiener Bürgermeister Karl Lueger und der Abgeordnete Georg Ritter von Schönerer (übrigens der Sohn des Bahningenieurs Mathias Schönerer) keinen Hehl aus ihrer Einstellung zum Nordbahnproblem. Der Widerspruch im Hohen Haus war so groß, daß nichts anderes übrigblieb, als die Regierungsvorlage zurückzuziehen.

Es folgten noch mehrere Auseinandersetzungen mit hitzigen Wortgefechten, nicht immer von der feinsten Art, ehe das nun schon mehrmals abgeänderte Regierungspapier am 27. März 1885 im Reichsrat angenommen wurde; mit einer denkbar knappen Mehrheit von 11 Stimmen. Das Ergebnis entsprach nun natürlich nicht mehr ganz den Wünschen der Nordbahn, die Generalversammlung mußte aber wohl oder übel doch zustimmen. Wenn sie sich geweigert hätte, wäre auch der Regierung nichts anderes übriggeblieben, als die Gesellschaft (gegen den eigenen Willen) zu verstaatlichen; die Konzessionsverlängerung war also ein echter Kompromiß.

Er brachte für die Nordbahn zahlreiche Neuerungen. Das Unternehmen hieß ab 1. Jänner 1886, als die neue Konzession in Kraft trat, nur mehr „k. k. Privilegierte Kaiser-Ferdi-

Das Rückgrat der Nordbahn nach dem 2. Weltkrieg: Güterzug mit 52.6084 in Hohenau

nands-Nordbahn"; das Wort „ausschließliche" fehlte nun. Der neue Vertrag sollte bis zum 31. Dezember 1940 gelten, also nur 55 anstatt der zuerst geforderten 80 Jahre. Allerdings behielt sich der Staat ab 1. Jänner 1904 das Einlösungsrecht vor. Weiters wurde vereinbart, daß der Ertrag der Aktien, der über 100 Gulden lag, zwischen Nordbahn und Staat geteilt werden mußte. Auf diese Weise beschafften sich die Finanzminister in den zwanzig folgenden Jahren zusätzliche Einnahmen von 24 Millionen Kronen. Selbstverständlich mußte die Nordbahn auch alle jene Dinge tun, die sie schon freiwillig versprochen hatte: die Zuschüsse für die Mährisch-Schlesische Nordbahn zurückzahlen und neue Lokalbahnen bauen. Alle geforderten Strecken, darunter auch die Lokalbahn Drösing – Zistersdorf, wurden bis 1892 errichtet. Damit besaß die Nordbahn nun ein Netz von 1232 Kilometern Länge.

Aber trotz aller Belastungen, die man der Nordbahn aufgebürdet hatte, schaffte sie noch immer – auf Betriebskilometer gerechnet – die höchsten Einnahmen aller österreichischen Privatbahnen. Die Neider durften weitermurren.

Kältewelle erhitzt Gemüter

Das Jahr 1904 kam, und wiederum rechnete die Öffentlichkeit mit einer Verstaatlichung der Nordbahn. Doch vorläufig geschah nichts. Unsicherheit machte sich breit; bei der Gesellschaft, bei den Angestellten und in der Finanzwelt. Die Nordbahnaktien, die bisher zwischen 7000 und 7500 Kronen geschwankt hatten, rutschten nun auf 5700 Kronen ab.

Am 13. Juni 1906 kam dann plötzlich der Entschluß der Regierung, die Nordbahn doch ins Staatseigentum überzuführen. Man begründete die Verstaatlichung damit, daß ein gemischtes System von Privatbahnen und Staatsbahnen nicht mehr tragbar sei, da es den Staat bei der Ausübung seiner wirtschaftspolitischen Pflicht behindere. Ein weiterer Grund war aber auch rein praktischer Natur: Die Nordbahn trennte das nördliche und nordöstliche Staatsbahnnetz vom westlichen und südlichen. Durch die Verstaatlichung konnte diese Lücke geschlossen werden.

Zwei Ereignisse halfen mit, das Regierungskonzept der Öffentlichkeit zu verkaufen. Eine Kältewelle im Winter 1905/06 forderte auch von der Nordbahn Opfer. In Galizien froren die Züge regelrecht ein und kamen nicht weiter, sodaß vorübergehend eine Frachtsperre verfügt werden mußte. Außerdem traten bei den Lokomotiven durch das Wetter bedingte Schäden auf, und die Nordbahn mußte 25 Maschinen von den Staatsbahnen ausleihen. Das alles war natürlich ein gefundenes Fressen für die Presse, die wieder einmal über die ungeliebte Nordbahn herziehen konnte.

Alle diese Mängel waren auch deshalb aufgetreten, weil sich die Nordbahn in den letzten Jahren, in denen das Damoklesschwert einer Verstaatlichung über ihr geschwebt war, weniger um die Bahnanlagen und das rollende Material gekümmert hatte, als es notwendig gewesen wäre. Auch der Bericht der Regierung über den Zustand der Nordbahn erwähnt, daß der „Bauzustand im allgemeinen ein entsprechender“ gewesen sei, wenngleich er allerdings auch „nicht allzu bedeutende Mängel“ anmerkt. Fast als mildernden Umstand führt der Bericht verständnisvoll an, „daß die Zurückhaltung der Gesellschaft von ihrem Interessensstandpunkte und im Hinblick auf die eventuell bevorstehende Verstaatlichung wohl begreiflich“ gewesen sei.

Die Nordbahngegner, unter ihnen auch oppositionelle Reichsratsabgeordnete, fanden freilich weitaus kräftigere Worte. Sie warfen der Nordbahn vor, die seit 1902 dringend notwendig gewordenen neuen Lokomotiven nicht beschafft zu haben, Oberbau und Bahnhofsanlagen verkommen haben zu lassen, auch „an Löhnen und Avancement der Beamten“ gespart zu haben. Erst als die Nordbahn schon auf Rechnung des Staates betrieben wurde, hatte sie „über dies auch noch ihr sozialpolitisches Herz entdeckt und gefunden“, wie der Abgeordnete D'Elvert sarkastisch bemerkte, „daß es recht und billig ist, daß nunmehr auch sie die Löhne erhöhe“ – wie gesagt, auf Kosten des Fiskus allerdings.

Die Herren Politiker wußten natürlich auch, wieso alles so weit gekommen war; weil „nämlich unsere Generalinspektion nach ihrer ganzen Einrichtung, nach ihrem System ein absolut unfähiges Institut ist, die Karikatur einer Aufsichtsbehörde, die absolut nicht in der Lage ist und es niemals gewesen ist, ihre Pflicht zu erfüllen.“[47] Deftige Worte, die heute für mehr als eine politische Eiszeit reichen würden.

So kam es zur paradoxen Situation, daß die Regierung für eine Verstaatlichung der Nordbahn war, während die Opposition im Reichsrat nichts davon wissen wollte, also genau die entgegengesetzten Positionen wie zwanzig Jahre zuvor, als das Thema schon einmal zur Sprache gebracht worden war.

Und auch diesmal ging die Regierungsvorlage in der ersten Lesung am 13., 17. und 20. Juli nicht durch. Der Gesetzentwurf, der von Vertretern der Regierung und vom Nordbahnvorstand am 3. Juli 1906 ausgehandelt worden war, sah die Übernahme der Hauptstrecken, der Lokalbahnen und des Fahrparkes sowie eines Teils des gesellschaftlichen Privatbesitzes vor. Dafür mußte der Staat bis zum Auslaufen der Konzession im Jahre 1940 eine Jahresrente von 30.537.000 Kronen an die Aktionäre zahlen. Bis zum Ende des Jahres 1906 sollte die

Nordbahngesellschaft die Linien auf Rechnung des Staates betreiben, mit 1. Jänner 1907 hatten dann die k. k. Staatsbahnen den Betrieb weiterzuführen. Die Bergwerke, Kohlegruben und die dazugehörigen Montanbahnen blieben Gesellschaftseigentum.

Ein weiterer Punkt dieses Entwurfes scheint noch von einem anderen Standpunkt aus interessant: Artikel IV besagte nämlich, daß „die Stationen der Nordbahn in gemischtsprachigen Orten nach Maßgabe der daselbst bestehenden sprachlichen Bedürfnisse des Verkehres sowie unter Berücksichtigung und tunlichster Wahrung der obwaltenden nationalen Verhältnisse“ zu besetzen seien. So etwas war ja im „Völkerkerker“ der Habsburgermonarchie noch möglich. Im demokratischen Österreich der Zweiten Republik jedoch werden der Artikel 7 des Staatsvertrages und zweisprachige Ortstafeln als Gefährdung der „deutschen“ Mehrheit dieses Landes angesehen.

Im Eisenbahnausschuß des Reichsrates entspannen sich nun leidenschaftliche Debatten um Sinn oder Unsinn, Wirtschaftlichkeit oder riskanten Dilettantismus der Nordbahnverstaatlichung. Die Opposition war gegen die Übernahme in den Staatsbesitz, weil sie die Kostenlawine fürchtete, die durch die Versäumnisse der vergangenen Jahre losgetreten werden würde, denn die Nordbahn hatte an allem gespart, um „so viel als möglich auf den nachmaligen Erwerber, den Staat, zu überwälzen“, der „die versäumten Investitionen nachholen“ müsse.[48] Die Befürworter mußten dann auch zugeben, „daß es gerade kaufmännisch kein lukratives Geschäft, sondern vielleicht nur ein gewöhnliches Geschäft sei, daß es aber doch feststehe, daß der Staat kein Risiko eingehe“.[49]

Schließlich siegten die Argumente der Regierung und die Mehrheit im Reichsrat. Nach der zweiten Lesung am 25. und 26. Oktober 1906 wurde die Gesetzesvorlage angenommen; Im Reichsgesetzblatt Nr. 212 vom 31. Oktober 1906 konnte dann jedermann nachlesen, daß die Nordbahn rückwirkend mit 1. Jänner 1906 ins Eigentum des Staates übergegangen war.

Dem Ende entgegen: Die Züge werden langsamer

Mit der Übernahme der Nordbahn kam der Staat in den Besitz von 1345 Kilometern Bahnstrecke, 607 Lokomotiven, 515 Tendern, 462 Gepäckwagen, 1293 Personenwagen, 6455 gedeckten Güterwagen, 14.630 offenen Güterwagen und 26 Schneepflügen.[50] Alle diese Neuerwerbungen faßten die Staatsbahnen in einer neugeschaffenen Dienststelle zusammen, die den Titel „k. k. Nordbahndirektion" führte.

Die Nordbahn war nicht die einzige Privatbahn, die von den Staatsbahnen geschluckt wurde. Das gleiche Schicksal wurde ein Jahr später auch der Böhmischen Nordbahn, der Staatseisenbahngesellschaft und der Nordwestbahn zuteil. Schon im Jahre 1884 hatte der Staat die Kaiserin-Elisabeth-Westbahn und die Kaiser-Franz-Josephs-Bahn übernommen. Einzig und allein die Südbahngesellschaft überlebte alle diese Aktivitäten als privates Unternehmen, und sogar in den Anfangsjahren der Ersten Republik (bis 1924) tastete man die Südbahn nicht an.

Für die Staatsbahnen war es kein leichtes Brot, nun die Betriebsführung auf so verschiedenen, bis jetzt völlig unterschiedlichen Bahngesellschaften zu übernehmen. Solche Befürchtungen waren bereits anläßlich der Nordbahndebatte im Reichsrat aufgetaucht. Damals hatte man gefordert, daß die Organisation der Staatsbahn, die „viel zu wünschen übrigläßt" und „zu vielen berechtigten Klagen herausfordert", einer „gründlichen Umgestaltung unterzogen" und eine „durchgreifende Änderung vorgenommen werden müßte".[51]

Nun stand also ein verbürokratisierter, schwerfälliger Beamtenapparat mit seinen Juristen an der Spitze, „die mit dem Leben, mit dem frischen pulsierenden Leben nie in Berührung gestanden" waren, der Nordbahn vor. Diese Herrschaften ersetzten zum Teil altgediente Praktiker, die das Eisenbahnwesen von der Pike auf erlernt hatten.

Langsam kam aber auch die staatliche Maschinerie in Fahrt: neue Lokomotiven wurden angekauft, Bahnhöfe ausgebaut, und auf besonders dicht befahrenen Streckenabschnitten wurde ein drittes Gleis verlegt. Um den stark angewachsenen Güterverkehr zu bewältigen, wurden neue Bahnanlagen geschaffen. In Straßhof errichtete man den größten Verschiebebahnhof der Monarchie. Dazu mußten an die 300.000 m^3 Erde bewegt werden, ehe die 31 Kilometer Gleise mit 64 Weichen und fünf Kreuzungen verlegt werden konnten. Auch die Bauzeit dieses „Monsters" konnte sich sehen lassen: In etwas mehr als sieben Monaten (vom 6. März bis zum 19. Oktober 1908) stand die ganze Anlage.

Ab den dreißiger Jahren des 20. Jahrhunderts ging es dann mit Straßhof rapid bergab. Man fand eine so große zentrale Verschubanlage nicht mehr zeitgemäß, und nach und nach wurden Teile von Straßhof aufgelassen, bis es in den fünfziger Jahren seine Bedeutung als Verschiebebahnhof gänzlich verlor.

Verwitterte Relikte auf dem Gelände des ehemaligen Heizhauses Straßhof (Juni 1985)

Die Staatsbahnzeit brachte auf den Nordbahnstrecken aber nicht nur Verbesserungen; um die Personalpolitik war es schlecht bestellt. Die Nordbahndirektion mußte sich zahlreichen Wünschen und Interventionen beugen; jeder Bürgermeister wollte für sein Dorf einen neuen Haltepunkt, und möglichst alle Züge sollten dort auch stehenbleiben. Das führte natürlich zu einer immensen Verlängerung der Fahrzeiten und auch zu oft stundenlangen Verspätungen. Von „Blitzzügen" wie in den alten Nordbahntagen konnte keine Rede mehr sein. Oder lag es vielleicht daran, daß man den Reisenden die Möglichkeit geben wollte, die Schlaf- und Speisewagen, die nun bei sehr vielen Zügen mitliefen, recht lange auskosten zu können?

Auch das Kurswagenwesen wurde von den Staatsbahnen bis zum Exzeß betrieben. Durch das Abkuppeln oder Einreihen der einzelnen Wagen wurden die Aufenthalte in den Bahnhöfen gewaltig verlängert, und es ging so viel Zeit verloren, daß man kaum noch von Schnellzügen sprechen konnte. Die Fahrzeiten nach Krakau etwa waren um gut eine Stunde länger als vor 1906.

Alle Fahrpläne aber wurden im Sommer 1914 über den Haufen geworfen, als Österreich Serbien den Krieg erklärte und die Generalmobilmachung einsetzte. Nun sah man auf der Nordbahn einige Zeit lang fast keine zivilen Personenzüge; Güterzüge und Militärtransporte in schlichtem Feldgrau beherrschten die Szene. Mit Hurra-Rufen ging es von den nördlichen Garnisonen zum südöstlichen Kriegsschauplatz. Im August 1914 beförderte die Nordbahn in 4000 Zügen 1.220.000 Mann, 157.000 Pferde und 48.000 Fuhrwerke. Bald aber, als der Zar mit seinen Truppen in den Krieg eintrat, wurde auch die Gegenrichtung wieder interessant – nach Lemberg und Czernowitz. Als auch noch Italien mitmischen wollte, gewann die Flügelbahn Marchegg – Gänserndorf an Bedeutung. Über diese Strecke wurden Truppen aus den Karpaten nach Südtirol und an den Isonzo verlegt. Da die eingleisige Brücke über die March diesem Massenverkehr nicht gewachsen war, ging man daran, parallel dazu eine zweite Brücke zu bauen. Weit kam man damit aber nicht, denn als gerade die Betonfundamente fertig waren, war der Krieg zu Ende.

Der Bahnhof Marchegg wurde in den letzten Kriegstagen fast zum Kriegsschauplatz. Hier lieferten einander heimkeh-

Der geplante zweigleisige Ausbau der Marchbrücke blieb am Ende des Ersten Weltkrieges stecken. Fundamente und bereits errichtete Pfeiler sind noch heute zu sehen. (Juli 1985)

rende ungarische und tschechische Truppen heiße Gefechte. Die Tschechen beanspruchten die Slowakei für sich und begannen in Marchegg, die ungarischen Verbände zu entwaffnen. Diese ließen sich das natürlich nicht gefallen, und mehr als einmal mußte Militärpolizei mit Maschinengewehren auffahren, um die Hitzköpfe zur Räson zu bringen. Die tschechisch-ungarische „Freundschaft" ging sogar so weit, daß die Tschechen von Theben (Devin) aus die ungarischen Schnellzüge Budapest – Wien beschossen. So endete der Erste Weltkrieg auch hier mit beinahe bürgerkriegsähnlichen Zuständen.

„Der Rest ist Österreich“

Dieser bekannte Ausspruch des französischen Ministerpräsidenten Georges Clemenceau charakterisiert zynisch, aber durchaus treffend, die Ergebnisse des Vertrages von Saint-Germain, in dem Österreich-Ungarn das „Vae victis“ am eigenen Leibe zu spüren bekam. Die Wünsche der Völker der Monarchie wurden mehr als reichlich erfüllt und ein Landstrich nach dem anderen aus dem alten Staatsgebilde herausgerissen; und was danach übrigblieb, nun, das war eben Österreich.

Diese Verstümmelung zog natürlich auch die österreichischen Bahnlinien in Mitleidenschaft, besonders jene in den Süden und in den Norden. Die Südbahn, die ja bis Triest gereicht hatte, endete nun in Spielfeld-Straß, an der Grenze zum neuentstandenen „Königreich der Serben, Kroaten und Slowenen“, die Nordwestbahn hörte bei Unterretzbach auf, für die STEG war in Laa an der Thaya Schluß, und die Kaiser-Franz-Josephs-Bahn ging nur mehr bis Gmünd. Am ärgsten wurde aber wohl die Nordbahn getroffen. Von den rund 1420 Streckenkilometern, die der k. k. Nordbahndirektion unterstanden hatten, verblieb bloß ein geringer Anteil bei Österreich, nämlich nur 161 Kilometer, etwa 11 Prozent des ursprünglichen Netzes. Diese wurden nun mit den Resten der Nordwestbahn und der ehemaligen Staatseisenbahngesellschaft in der Staatsbahndirektion Wien-Nordost zusammengefaßt.

Etwas mehr, 239 Kilometer oder rund 17 Prozent, fielen dem polnischen Staat zu und kamen unter die Verwaltung der polnischen Staatsbahnen PKP (Polskie Koleje Panstwowe).

Der Löwenanteil an der „Beute“ fiel an die Tschechoslowakei: 1019 Bahnkilometer, 72 Prozent der alten Nordbahnstrecken. Die Hauptstrecke durchquerte nun drei Staaten: Hinter Bernhardsthal, bei Kilometer 77,9, verließ sie Österreich und lief nun mehr als 200 Kilometer bis zum Grenzbahnhof Petrovice auf tschechoslowakischem Staatsgebiet. Und dann ging

140 Jahre Nordbahn: Jubiläumszug mit Reihe 372 und 629 in Deutsch Wagram (November 1977)

es über die polnische Grenze bei Zebrzydowice auf PKP-Strecken bis zur Endstation in Krakau.

Auch der größte Teil der Nebenbahnen und Lokalbahnen aus dem ehemaligen Nordbahnimperium ging in ČSD-Besitz über. Das deutschsprachige Personal, allen voran die leitenden Beamten, wurde vom Dienst enthoben und kurzerhand heimgeschickt. Die Schildermaler hatten Hochkonjunktur: Alle deutschsprachigen Aufschriften auf den Stationsgebäuden wurden überpinselt und bloß die tschechischen Bezeichnungen angebracht.

Auch die Nordbahnlokomotiven erhielten neue Herren. Von den 725 Maschinen, die 1914 im Stand der Nordbahndirektion aufschienen, blieben 134 in Österreich (natürlich nicht gerade das Beste vom Besten), 391 wurden an die ČSD (Československé Státni Drahy) abgetreten, und die Polnischen Staatsbahnen erhielten 155 Maschinen. 36 waren noch von den k. k. Staatsbahnen ausgeschieden worden, drei gingen im Krieg verloren, und je drei kamen nach Jugoslawien und Rumänien.[52]

Von der alten Hauptlinie nach Krakau blieben den Deutsch-Österreichischen Staatsbahnen (D-Ö.ST.B), wie sich die republikanische Bahnverwaltung zunächst nannte, also nur kümmerliche 78 Kilometer. Die restlichen 83 Kilometer Nordbahn in Österreich entfielen auf die Nebenbahnen Marchegg – Gänserndorf und Drösing – Zistersdorf, auf die Strecke Floridsdorf – Jedlersdorf, die Verbindungsschleife zwischen STEG und Nordbahn in Laa an der Thaya, den Abschnitt Wien Nord – Hauptzollamt der Wiener Verbindungsbahn und das Stück Zellerndorf – Staatsgrenze bei Alt-Prerau als Überbleibsel der Lundenburg-Grußbacher Bahn.

Diese Lokalbahn, die in Lundenburg ihren Ausgang nahm und in Grußbach (Hrušovany) endete, spielte auch bei den Grenzziehungsfragen nach dem Ende des Ersten Weltkriegs eine wichtige Rolle. Ihre Trasse verlief nämlich fast ausschließlich auf mährischem Boden; nur hinter Lundenburg (die alte Landesgrenze zwischen Niederösterreich und Mähren war in diesem Bereich die Thaya) pendelte sie nach Niederösterreich, hatte in Feldsberg eine Haltestelle und gelangte vor Voitlsbrunn (Sedlec) wiederum nach Mähren. Dieser kurze Abschnitt im Ausland war den tschechischen Politikern ein Dorn im Auge. Sie forderten eine Abtretung der 129 Quadratkilometer großen niederösterreichischen Fläche, damit die Bahn ausschließlich auf tschechoslowakischem Gebiet verlaufen könne. Die Siegermächte, die damals für jedes Anliegen der Nachfolgestaaten (ausgenommen der Republik Österreich) ein offenes Ohr hatten, stimmten diesem Begehren ohne große Diskussion zu; Österreich wurde gar nicht gefragt.

Das Land Niederösterreich bot sogar an, die Gleise auf eigene Kosten einige Meter weiter nördlich in Mähren neu zu verlegen. Aber die Tschechen blieben stur, sie wollten nicht nur die Bahn, sie wollten auch das Land. Die Grenze wurde also nach Süden verschoben, die Orte Unterthemenau, Oberthemenau, Feldsberg, Bischofswart und Garschönthal wurden tschechisch und mußten sich nun Poštorná, Charvátska Nova Ves, Valtice, Hlohovec und Uvaly nennen.

Ähnliches erlebte auch die Franz-Josephs-Bahn, die den Bahnhof Gmünd an die ČSD abgeben mußte; damit verlor Niederösterreich 117 Quadratkilometer an die Tschechoslowakei. Die Stadt Gmünd selbst blieb bei Österreich; der tschechische Ort České Velenice (Böhmisch Wielands) besteht im wesentlichen nur aus den alten Gmünder Bahnhofsanlagen.

Von der Strecke nach Grußbach zweigte bei Neusiedl-Dürnholz (Novosedly-Drnholec) eine Linie über Laa an der

Streckenende im Dickicht:
Linie Laa/Thaya – Wildendürnbach vor der tschechischen Grenze (1986)

Thaya nach Zellerndorf ab, wo sich die Nordwestbahn-Strecke nach Retz und Znaim anschloß. Die ČSD stellten allerdings bald den Betrieb auf dieser Verbindung ein und demontierten die Gleisanlagen. Auf der österreichischen Seite besteht noch heute zwischen Laa an der Thaya und Wildendürnbach/Alt-Prerau bescheidener Güterverkehr. Da auf diesem Streckentorso keine Sicherungsanlagen existieren, erfolgt der Güterzugsdienst im Rahmen von Sperrfahrten; als Triebfahrzeuge dienen die Diesellokomotiven der Reihe 2045 der Zugsförderungsstelle Krems. Der letzte Kilometer bis zur Staatsgrenze wurde auch in Österreich abgetragen.

Die Nordbahnstrecken hatten nach 1918 zwei Berührungspunkte mit den Tschechischen Staatsbahnen: auf der Hauptstrecke in Lundenburg und auf dem Gänserndorfer Flügel in Marchegg. Lundenburg lag zwar in der Tschechoslowakei, aber für die Betriebsführung von der Staatsgrenze bei Bernhardsthal bis Lundenburg waren die Österreichischen Bundesbahnen (BBÖ; so nannten sie sich, seit 1919 durch den Vertrag von Saint-Germain die Bezeichnung „deutsch-österreichisch" verboten worden war) verantwortlich. Die BBÖ übergaben oder übernahmen die grenzüberschreitenden Züge also in Břeclav, wie Lundenburg nun offiziell hieß. Das wäre nicht weiters schlimm gewesen, hätten nicht – besonders in der Zeit nach dem Kriegsende – die tschechischen Bahnbeamten die unfeine Eigenart besessen, österreichische Lokomotiven, die über die Grenze gekommen waren, einfach zu beschlagnahmen; natürlich nur modernere oder gut erhaltene Maschinen.

Dagegen konnte man praktisch gar nichts tun, und so verfügte das zuständige Ministerium, daß nur noch alte Lokomotiven im Grenzübergangsdienst eingesetzt werden durften.

Diese Beschlagnahmen waren allerdings nicht das einzige Unangenehme in Břeclav. Die Schlepptenderlokomotiven mußten in Lundenburg für die Rückfahrt nach Österreich auf der Drehscheibe gewendet werden; das war aber keine Serviceleistung der ČSD, sondern eine Notwendigkeit, die mit Devisen teuer erkauft werden mußte. Da nach dem Krieg ohnehin kaum genügend Geld für die notwendigsten Investitionen vorhanden war, wollte man die Kassa der Bundesbahnen nicht noch auf diese Weise erleichtern. Man setzte also sehr bald fast ausschließlich Tenderlokomotiven ein, die auch Tender-voraus ohne Geschwindigkeitsbeschränkung fahren konnten. So entfielen die hohen Drehscheibengebühren, man schonte die ohnehin recht schmale Börse des Staates und sparte außerdem noch Zeit.

Die Bundesbahnen benötigten nun auch einen eigenen Grenzbahnhof, in dem die nötigen Formalitäten wie Zoll- und Paßkontrolle ebenso wie die Güterabfertigung und die Zusammenstellung der Züge durchgeführt werden konnten. Die der Grenze am nächsten gelegenen Haltestellen Rabensburg und Bernhardsthal waren dafür gänzlich ungeeignet, sodaß man daran ging, den Bahnhof Hohenau als österreichische Grenzstation einzurichten.

Anders war die Situation in Marchegg. Hier bestand ja ein gemeinsamer Grenzbahnhof der Nordbahn und der STEG mit Ungarn. Das blieb auch so, nur waren es nun keine ungarischen Lokomotiven mehr, die Züge über die March brachten oder abholten, da im Vertrag von Trianon Ungarn die Slowakei abtreten hatte müssen. Auch in Marchegg war die Nachbarverwaltung nun die ČSD.

Das Verkehrsaufkommen auf den Nordbahnstrecken war

Mäßiger Andrang in Marchegg:
Regionalzug 2592 aus Bratislava mit österreichischen Zöllnern (1985)

natürlich mit dem vor 1918 nicht zu vergleichen: Waren es 1911 noch 18 Züge täglich, mit denen man nach Mähren und Böhmen reisen konnte, so verkehrten 1921 (bis dahin gab es überhaupt keinen direkten Reiseverkehr in die ČSR) nur mehr acht Züge zwischen Wien und Břeclav. Und es fuhren nicht einmal alle über die Nordbahnstrecke; sechs benutzten die alte STEG-Strecke vom Ostbahnhof über Stadlau und gelangten erst bei Süßenbrunn auf die Nordbahn. Es waren aber immerhin noch internationale Verbindungen, etwa der D 95 aus Rom und Basel nach Warschau, Lemberg und Bukarest oder der D 97 über Brünn und Prag nach Berlin.

Die Fahrzeiten waren ebenfalls weit von jenen aus den Tagen der Monarchie entfernt und kamen denen von heute ziemlich nahe: Wien – Krakau in 11 Stunden und 28 Minuten; umsteigen brauchte man damals allerdings noch nicht, und 1934 war man wieder bei einer respektablen Fahrzeit von 8 Stunden 34 Minuten angelangt.

Auch auf den Nordbahnstrecken der ČSD machten sich Änderungen im Verkehr bemerkbar. Die ehemalige Hauptrichtung Nord – Süd wurde durch die Ost-West-Verbindungen

Prag–Olmütz–Kaschau und Prag–Brünn–Preßburg entwertet. Umgekehrt war es in Polen, wo die West-Ost-Richtung nach Krakau, Lemberg, Czernowitz und nach Rußland immer mehr an Bedeutung verlor und die Verkehrsströme nun vorwiegend von Süden nach Norden in die neue polnische Hauptstadt Warschau verliefen.

Eine Zugart blieb aber allen Nordbahnstrecken, egal ob in Polen, der Tschechoslowakei oder in Österreich, und zu allen Zeiten, ein treuer und verläßlicher Kunde: die Kohlenzüge aus Schlesien.

Den Anschluß leider nicht verpaßt

Nach dem Zusammenbruch der Monarchie und der Aufteilung der alten Nordbahnstrecken unter der BBÖ, ČSD und PKP kam die Hauptstrecke nach Krakau noch einmal unter eine gemeinsame Verwaltung; für kurze Zeit zwar nur, aber die war schon viel zu lang.

Es fing damit an, daß der Österreicher Hitler seine alte Heimat heim ins Reich holte. Mit dem Anschluß Österreichs an das Deutsche Reich war es auch mit einer eigenen Bahn vorbei. Die BBÖ kamen unter die Verwaltung der Deutschen Reichsbahn. Der nächste Schlag erfolgte noch im Herbst 1938, als die Engländer und Franzosen im Münchner Abkommen der Forderung Hitlers zustimmten, das Sudetenland und deutschsprachige Gebiete der Tschechoslowakei abzutrennen. Anfang Oktober marschierte die Wehrmacht in Lundenburg ein. Die Deutsche Reichsbahn übernahm die Strecken Lundenburg – Znaim und Lundenburg – Brünn. Die DRB führte auch Züge von Lundenburg über Prerau nach Oderberg und weiter nach Deutschland.

Die Rest-ČSR ließ Hitler dann zum „Protektorat Böhmen und Mähren“ erklären und stellte sie unter deutschen „Schutz“. Jetzt hatte die Reichsbahn auch auf den anderen ČSD-Strecken ein gewaltiges Wörtchen mitzureden. Denn die ČSD gab es nun nicht mehr. Die Linien in Böhmen und Mähren trugen die Bezeichnung BMB/ČMD (Böhmisch-Mährische Bahnen / Česko-Moravske Drahy) und in der Slowakei, die im März 1939 ein selbständiger Staat geworden war, fuhr man unter den Initialen SŽ (Slovenska Železnica).

In dieser Zeit der Anschlüsse und Gleichschaltungen stieg der Reiseverkehr wieder an und erreichte bald Ausmaße, die an die Staatsbahnzeit erinnerten. Der Bahnkontakt zwischen „Ostmark“ und „Altreich“ war sehr eng. Um dem keine Hindernisse in den Weg zu legen, richtete man auf den Strecken

Wien – Lundenburg – Brünn – Breslau – Berlin und Wien – Lundenburg – Oderberg – Berlin Korridorzüge und Sperrwagen ein, die das Protektorat ohne Halt oder zumindest ohne langwierige Grenzkontrollen durchsausten. Einer dieser Züge war der D 74/75, ein reiner Schlafwagenzug, der von Berlin über Oderberg auf der klassischen Nordbahnroute nach Wien-Ost lief.

Den letzten Abschnitt der Nordbahn bis Krakau kassierte die Reichsbahn, nachdem der „größte Feldherr aller Zeiten" den Blitzkrieg gegen Polen vom Zaun gebrochen hatte. Nun hatte auch die Verbindung Wien – Krakau wieder Saison; allerdings weniger für Zivilisten als für Wehrmachtsangehörige, die die zahlreichen Fronturlauberzüge frequentierten.

„Die letzten Tage der Menschheit" hat Karl Kraus eigentlich nur auf das politische und gesellschaftliche Geschehen rund um den Ersten Weltkrieg bezogen. Daß menschliche Dummheit und Barbarei in einem zweiten Krieg noch eine Steigerung, ja eine furchtbare Perfektion erfahren würden, mag er zwar vielleicht vorausgesehen haben; da er aber schon 1936 starb, mußte er wenigstens das finsterste Kapitel der deutschen und der österreichischen Geschichte nicht mehr miterleben.

Die ehemalige Kaiser-Ferdinands-Nordbahn konnte, im Gegensatz zu zahlreichen menschlichen Zeitgenossen, nichts dafür, was mit ihr während der Kriegsjahre von 1939 bis 1945 geschah. Der Wiener Nordbahnhof symbolisierte in jenen Jahren keineswegs jene Vorstellungen, die man mit einem alten und eleganten Bahnhofsgebäude üblicherweise assoziiert. Wien Nord war vielmehr ein Bahnhof der Tränen.

In dieser Zeit verzeichnete die Nordbahn nämlich die traurigsten Transporte ihrer Geschichte: Wie Vieh in enge, geschlossene Güterwaggons gepfercht, wurden Millionen Juden, Zigeuner und wer sonst noch von der barbarischen deutschen Führung als „lebensunwert" eingestuft wurde, per Schiene in die Konzentrationslager des Ostens, besonders ins Konzentrationslager Auschwitz (Oświęcim), verfrachtet. Das lag direkt an der Nordbahn. Die berüchtigte „Rampe" war faktisch ein Anschlußgleis.

Unter welch unvorstellbaren Bedingungen diese Vernichtungstransporte vor sich gingen, soll nachstehendes Zitat verdeutlichen:

„Die Verhafteten hatten eine Strecke bis zu 2.400 Kilometer nach Auschwitz in verschlossenen Güterwaggons zurückzulegen. Auf dem Transport erhielten sie keinerlei Nahrung. Es fehlte vollkommen an sanitären und hygienischen Einrichtungen. Bei Konferenzen im Verkehrsministerium war ein genauer Fahrplan der nach Auschwitz zu leitenden Züge festgesetzt. Dieser Fahrplan wurde pünktlich eingehalten, um Störungen, besonders von Militärtransporten, zu vermeiden. Zum ersten Mal wurden die Riegel der Waggons auf der Bahnrampe in Birkenau geöffnet, vor den Krematorien II und III. Dort nahm die SS die Selektion vor, deren Verlauf nach den Worten von Rudolf Höss (Kommandant des Lagers Auschwitz, Anm. d. Verf.) folgendermaßen verlief:

‚Die Waggons wurden nacheinander entladen. Nach Ablegung des Gepäcks mußten die Juden einzeln an einem SS-Arzt vorbeigehen, der im Vorbeimarschieren die Tauglichkeit entschied. Die Arbeitseinsatzfähigen wurden in kleineren Abteilungen sofort ins Lager abgeführt. Der Tauglichkeitsprozentsatz war 25–30 Prozent im Gesamtdurchschnitt aller Transporte, schwankte aber sehr.'"[53]

Für jene Häftlinge, die im Frühjahr 1945 noch am Leben waren, bedeutete das Herannahen der Roten Armee im wahrsten Sinne des Wortes Befreiung.

Auch das gehört zur Nordbahn-Geschichte:
Die Rampe des Konzentrationslagers Auschwitz

Als sich mit dem Überfall auf die Sowjetunion der Krieg ausweitete, sah man auch auf den Nordstrecken verstärkt Militärtransporte und Lazarettzüge zu und von der Front.

Die polnischen Nordbahnstrecken waren auch wieder die ersten, die aus der Verwaltung der DRB befreit wurden. Nach der Schlacht von Stalingrad und der großen sowjetischen Winteroffensive kamen sie noch im Laufe des Jahres 1944 zur PKP. Auf den tschechischen und österreichischen Strecken dauerte es naturgemäß länger, bis die rechtmäßigen Besitzer wieder das Sagen hatten. Im Jänner 1945 war es mit den direkten Zügen Berlin – Wien über Oderberg vorbei, als die Rote Armee weiter durch Polen vordrang.

Anfang April standen die Russen vor Wien, und die Deutschen versuchten in einem letzten sinnlosen Aufbäumen noch zu retten, oder besser gesagt, zu demolieren, was noch nicht von den Alliierten demoliert worden war: Sie sprengten die Donaubrücke der Nordbahn und die Marchbrücke bei Marchegg.

Auch der Wiener Nordbahnhof hatte seinen Teil abbekommen: zuerst von oben durch amerikanische Bombenflugzeuge und dann frontal durch russischen und deutschen Artilleriebeschuß.

Am 14. April 1945 hatten die Russen das Heft in der Hand: Wien war gefallen. Die Herrschaft der DRB auf den Nordbahnstrecken war vorbei.

Auf Trümmern in eine verkehrte Welt

Als Österreich von den alliierten Truppen besetzt wurde, wechselte die österreichische Eisenbahnverwaltung wieder einmal ihren Namen. Die am 18. März 1938 nach dem Anschluß eingeführte Bezeichnung „Deutsche Reichsbahn" wich am 27. April 1945 der Benennung „Österreichische Staatseisenbahnen". Am 5. August 1947, erstand wieder der alte Firmenwortlaut „Österreichische Bundesbahnen".

Die Hitlerdiktatur hatte offensichtlich das nationale Selbstbewußtsein der österreichischen Eisenbahner gestärkt. Während der Ersten Republik hatte man das „Ö" noch schamhaft hinter den „BB" versteckt, nunmehr fing man die Abkürzung nicht mit den Bundesbahnen, sondern mit dem Österreichischen an. Abkürzungen können also über das Nationalbewußtsein mehr aussagen als noch so viele kluge Worte. (Interessant scheint in diesem Zusammenhang die Tatsache, daß sich die westdeutsche Eisenbahngesellschaft fast bescheiden als „Deutsche Bundesbahn" bezeichnet, während die vermeintlichen Jünger von Karl Marx und Friedrich Engels an der „Reichsbahn" festgehalten haben.)

Die „Österreichischen Staatseisenbahnen" des Jahres 1945 waren kriegsbedingt durch mangelhafte Funktionstüchtigkeit gekennzeichnet. Von den insgesamt 6000 Streckenkilometern waren rund 2500 nicht befahrbar. 75 Prozent der Lokomotiven waren entweder zerstört oder nicht fahrtauglich. In ähnlichem Zustand befand sich die Hälfte des Wagenparks. Entlang des österreichischen Eisenbahnnetzes waren im Durchschnitt 25 von 100 Hochbauten zerstört. Die Werkstättenanlagen waren gar zu 75 Prozent den kriegerischen Zerstörungen zum Opfer gefallen. Um die materielle Schadensbilanz zu vervollständigen, sei noch auf 12.000 Kilometer zerstörter oder schwer beschädigter Freileitungen hingewiesen sowie auf 260 unbrauchbare Stellwerke und 380 desolate Brücken.

Die Nordbahn hatte als während des Krieges wichtige Nachschublinie ebenfalls schwere Beschädigungen erlitten. Die wichtigsten Brücken waren noch von den deutschen Truppen gesprengt worden. Brücken zu sprengen war seit der Erfindung einschlägiger Patronen ein alter Kriegsbrauch. So hatte etwa die Eisenbahnbrücke über die March (zwischen Marchegg und Theben-Neudorf/Devinska Nová Ves) bereits 1866 anläßlich deutsch-österreichischer Kampfhandlungen im Zusammenhang mit der Schlacht von Königgrätz daran glauben müssen. 79 Jahre später, im Vorfrühling 1945, erging es dieser Marchbrücke ähnlich, doch war die Strecke zwischen Preßburg und Marchegg nach Errichtung eines Brückenprovisoriums schon Ende April wieder befahrbar. Ab 26. April 1945 konnten von Marchegg aus auch schon Gänserndorf und Straßhof auf dem Schienenweg erreicht werden.

Die Schienenstränge, die in jenen Wochen und Monaten primär bloß für die sowjetischen Truppen von Bedeutung waren, endeten jedoch abrupt an den Ufern der Donau. Die Nordbahnbrücke wurde von den zurückweichenden deutschen Truppen besonders gründlich unbrauchbar gemacht; sie konnte nur durch einen Neubau ersetzt werden. Die damals noch für den Schienenverkehr zur Verfügung stehende Nordwestbahnbrücke (die heutige Nordbrücke) war gleichfalls beschädigt, aber schon gegen Ende August 1945 wieder benützbar. Die Stadlauer Ostbahnbrücke wurde ebenfalls in Mitleidenschaft gezogen. Sie konnte dem Zugverkehr zu Silvester 1947 übergeben werden.

Die Verbindung zum ausgebrannten Wiener Nordbahnhof wurde durch zwei Behelfsmaßnahmen hergestellt: Man errichtete zwischen der Nordbahntrasse und dem Bahnhof Jedlersdorf eine provisorische Schleife. Von Jedlersdorf fuhren die Züge über den Bahnhof Jedlesee und die Nordwestbahnbrücke zum Nordwestbahnhof. Von dort erbaute man hinüber zum Areal des Nordbahnhofes auf Straßenniveau die sogenannte „Russenschleife". Diese beiden provisorischen Verbindungen sollten bis zum Jahre 1959 bestehen bleiben.

Symbolhaft für den fast zwei Jahrzehnte währenden Niedergang der Nordbahn auf österreichischem Staatsgebiet war die gesprengte Nordbahnbrücke, an deren sterbliche Überreste – zwei der vier Tragwerke waren stehengeblieben – ein Jahr-

Dem Untergang geweiht:
Der von Bomben verschonte Flügel des Wiener Nordbahnhofes

Nordbahnbrücke mit S-Bahn-Garnitur Reihe 4030 im Juni 1976:
Im Hintergrund die Reichsbrücke zwei Monate vor ihrem Einsturz

zehnt lang nicht gerührt wurde. Zerstört blieben auch die Brükken über die Alte Donau und über zahlreiche Straßenzüge im 20. Wiener Gemeindebezirk. Die Nordbahn ohne Nordbahnhof führte ein kümmerliches Dasein.

Der Güterverkehr, so es ihn überhaupt gab, wurde über das Nordkreuz – die Gleisverbindung zwischen der Ost- und der Nordbahn bei Süßenbrunn – zur Ostbahn nach Stadlau oder über die „Russenschleife“ zum Wiener Nordbahnhof geleitet. In den ersten Jahren nach dem Zweiten Weltkrieg stellten die Sowjets die Energieversorgung Wiens durch zahlreiche Steinkohletransporte aus den schlesischen Kohlengruben sicher. Zu übertriebener Dankbarkeit gegenüber den russischen Befreiern bestand indes kein Anlaß, zumal sich die Besatzungsmacht durch die Demontage von Industrieanlagen und jahrelange Erdöllieferungen aus den damals noch besonders ergiebigen Feldern zwischen Zistersdorf, Matzen und Aderklaa schadlos hielt.

Die Tschechoslowakei und der Osten Österreichs genossen zwar beide sowjetische Besatzung, die Parallele reichte jedoch nicht dazu aus, zwischen den beiden Staaten gut funktionierende Beziehungen aufzubauen. Hinderlich war – neben alten historischen Ressentiments – besonders der Umstand, daß die Tschechoslowakei ab 1948 als sozialistische Volksrepublik mit der Sowjetunion enge und brüderliche Kontakte pflegte.

Der grenzüberschreitende Personenverkehr zwischen Österreich und der ČSR war folglich am Grenzübergang Hohenau – Lundenburg/Břeclav einmalig: 1947 verkehrte ein einziger Personenzug pro Tag, indem eines der drei täglich verkehrenden Zugspaare zwischen Floridsdorf und Bernhardsthal nach Lundenburg/Břeclav (und retour) verlängert wurde. 1948 war dieser Verkehr täglich bereits um 100 Prozent angewachsen; zwischen Wien Ostbahnhof und Oderberg/Bohumin verkehrte ein D-Zugpaar, das Wagen von und nach Warschau, Danzig und Stettin mitführte. Ab 1949 war auch ein Speisewagen eingereiht. Mit dem Jahre 1953 beginnend, verkümmerte der D-Zug zu einem Eilzug, der es aber mit der Eile nicht ganz genau nahm, brauchte er doch allein für die Strecke Wien Ost – Lundenburg/Břeclav zweieinhalb Stunden.[54] Technischer Fortschritt kann, wie man sieht, spielend durch politische Rückschritte aufgehoben werden.

Der spärliche Grenzverkehr hatte zumindest einen „Vorteil“: Die tschechischen Behörden kamen am Ende des Zweiten Weltkrieges im Gegensatz zum Jahre 1918 wenigstens nicht in die Verlegenheit, österreichische Lokomotiven an der Rückfahrt in die Heimat zu hindern und sie in das kollektive Eigentum des neuen Staates überzuführen.

Man hätte übrigens mit den nach Kriegsende vorhandenen Triebfahrzeugen auch jenseits der Grenze keine rechte Freude gehabt, zumal sich auch die Maschinen der Nordbahn in sehr schlechtem Zustand befanden. Der Triebfahrzeugstand im – ausgebrannten – Heizhaus Wien Nord betrug Anfang Dezember 1945 67 Lokomotiven, von denen 15 brauchbar waren. In der Zugförderungsstelle Straßhof war die Lage noch trauriger: Am 1. Oktober 1945 standen dort 122 Dampflokomotiven; für den Fahrdienst konnten hievon lediglich 33 Maschinen eingesetzt werden.[55]

Das Ende einer Verschubfahrt

Der Abgesang der ehemaligen Kaiser-Ferdinands-Nordbahn nach dem Zweiten Weltkrieg wurde nicht nur durch den zehn Jahre vermiedenen Wiederaufbau der Nordbahnbrücke über die Donau und durch die Nichtinstandsetzung des Personenverkehrs auf dem Wiener Nordbahnhof mehr als deutlich symbolisiert; dazu kam noch die sträfliche Vernachlässigung von Anlagenkapazitäten nördlich der Donau. Markanteste Beispiele für das steigende Desinteresse an der Nordbahn und ihren Anschlußstrecken war die Auflassung der beiden weitläufigen Verschiebebahnhöfe Straßhof und Breitenlee.

Der Verschiebebahnhof Straßhof wäre, wenn es ihn noch gäbe, verhältnismäßig jung. Er wurde 70 Jahre nach Inbetriebnahme der Strecke Wien Nord – Floridsdorf – Gänserndorf errichtet, also im Jahre 1908. Die Bauzeit war, zumal man damals noch keine computergestützten oder -gesteuerten Einrichtungen kannte, verblüffend kurz, sie betrug lediglich siebeneinhalb Monate. Der Verschiebebahnhof Straßhof verfügte über zwei voneinander durch die Hauptgleise der Nordbahn getrennte Anlagen. Ein kompletter Bahnhof (nördlich der Streckengeleise gelegen) diente für die Bildung von Güterzügen Richtung Lundenburg. Südlich der Hauptgleise befand sich der Reihungsbahnhof Richtung Wien beziehungsweise für andere Destinationen westlich, südlich und nördlich von Wien.

Damals – genaugenommen ab 1916 – war es ohne weiteres möglich, im Güterzugdienst Wien zu umfahren, und zwar durch den Bau der sogenannten Wiener Umfahrungslinien, die weder von der Anlage noch von den Kosten her spektakulär waren, aber durch die Errichtung von einigen Schleifen das Bahnnetz im Großraum Wien auf kluge Weise dichter und enger zogen.

Mitten im Ersten Weltkrieg – man schrieb den Dezember des Jahres 1916, wenige Wochen zuvor war Kaiser Franz Joseph gestorben – wurden von den k. k. Staatsbahnen einige

Denkmäler aus Beton: Pfeiler einer ehemaligen Straßenbrücke über den Verschiebebahnhof Breitenlee (Juli 1986)

Verbindungslinien in Betrieb genommen, bei deren Errichtung offensichtlich der Krieg gegen Rußland Pate gestanden war. Es ist jammerschade, daß viele technische Errungenschaften den verantwortlichen Herrschaften partout nur in Kriegszeiten einfallen wollen! Die k. k. Staatsbahnen errichteten also damals bei Süßenbrunn eine Schleifenverbindung zwischen der Nordbahn und dem nördlichen Ast der Ostbahn (Strecke Wien Ost – Stadlau – Gerasdorf – Mistelbach – Laa/Thaya). In der Zeit, als die österreichischen Eisenbahnen noch privat waren, hatten einander ja gerade die Kaiser-Ferdinands-Nordbahn und die Staatseisenbahngesellschaft (STEG), von der die Ostbahn unterhalten wurde, überhaupt nicht ausstehen können; wie wir bereits vernommen haben, aus blassem Konkurrenzneid. Ein Sinnbild dieser Arroganz war das Nordkreuz bei Süßenbrunn gewesen, wo sich die beiden Linien zwar, weil es nicht anders lösbar schien, kreuzten, aber peinlich jedwede Verknüpfung miteinander vermieden hatten. Die Schleife zwischen Nord- und Ostbahn hat sich für den Bahnbetrieb derart bewährt, daß sie bis in unsere Tage beibehalten worden ist.

Mit Schleifen verfuhr man 1916, schließlich war ja Krieg, recht großzügig: Es wurde von Süßenbrunn an der Nordbahn auch eine Richtung Norden, nach Gerasdorf an der Ostbahn, gelegt. Man trug sie allerdings, und das war Teil der Demontagepolitik nach dem Zweiten Weltkrieg, noch im Jahre 1945 ab. Wie voreilig man damals gehandelt hat, beweist die Tatsache, daß man 1982 abermals eine Verbindungsschleife zwischen Nord- und Ostbahn anlegte. Diese Verbindung zwischen Leopoldau (Nordbahn) und Gerasdorf (Ostbahn) war notwendig geworden, als man auch Mistelbach ins Wiener Schnellbahnnetz einbezog, was die kreuzungsfreie Führung der Züge bedingte.

In der Umgebung des Süßenbrunner Nordkreuzes wurden in den Jahren 1916 und 1917 noch weitere Schleifen gezogen, die im Zuge der Errichtung des Verschiebebahnhofes Breitenlee notwendig geworden waren. Dieser Verschiebebahnhof verband den nördlichen und östlichen Ast der Ostbahn miteinander und verdankte seine Entstehung der Kriegshektik von 1914 bis 1918. Um den Verschiebebahnhof Breitenlee an das übrige Eisenbahnnetz anzuschließen, baute man eine Schleife von Breitenlee-Nordabzweigung zum Verschiebebahnhof und eine Südabzweigung Richtung Marchegg. Der Grenzbahnhof Marchegg besaß in der Monarchie infolge des weiten und offenen Hinterlandes (die Slowakei und auch Preßburg gehörten zu Ungarn) eine durchaus bedeutende tägliche Frequenz von 150 bis 175 Zügen, in den Kriegsjahren wurden pro Tag bis zu 300 Züge gezählt.[56] Marchegg wies somit damals eine Zugdichte auf, wie sie heutzutage etwa auf den Hauptbahnhöfen von Salzburg, St. Pölten oder Villach zu verzeichnen ist. Der Bahnhof Marchegg war im Ersten Weltkrieg Hauptverpflegsstation für Truppentransporte und Betreuungs- sowie Auffangstation für Verwundete und Flüchtlinge.

Die Bedeutung Breitenlees war mit der kriegerischen Rolle Marcheggs gekoppelt. Der Verschiebebahnhof Breitenlee war, genauso wie Straßhof, ab 1916 auch von der Nordwestbahn und über die Verbindung Absdorf/Hippersdorf auch von der Franz-Josephs-Bahn her bequem erreichbar. Das „missing link“ war bis dahin ein fehlender Bogen zwischen den Bahnhöfen Jedlersdorf (Nordwestbahn) und Leopoldau (Nordbahn) gewesen. Da bei den Bauarbeiten italienische Kriegsgefangene

Schienengewirr am Nordkreuz in Süßenbrunn: Die Nordbahn unterfährt die Ostbahn (November 1982)

zum Einsatz kamen, nannte man diesen teilweise auf – heute noch sichtbaren – Betonviadukten führenden, eingleisigen Gleisbogen „Italienerschleife“.

Um die Verwirrung komplett zu machen, baute man auch noch eine Schleife zwischen Leopoldau und Stadlau und zwischen dem Verschiebebahnhof Breitenlee und Stadlau. Man konnte also im Raum nördlich der Donau nach Belieben kreuz und quer fahren.

Wozu diese Schilderung? Nun, es soll nur hervorgehoben werden, daß das Wiener Eisenbahnnetz bereits am Anfang des 20. Jahrhunderts zwei weitläufig ausgebaute Verschiebebahnhöfe mit großzügigen Zufahrtsrampen besaß. Von diesen noch in der Monarchie geschaffenen Voraussetzungen machte jedoch weder die Eisenbahnverwaltung der Ersten noch der Zweiten Republik Gebrauch. In der Ersten Republik unternahm man einiges und am Beginn der Zweiten Republik alles, um die weitläufigen Anlagen vor den nördlichen Toren Wiens vor die Hunde gehen zu lassen.

Der Schock nach dem Zusammenbruch der Monarchie reduzierte natürlich das Verkehrsaufkommen auf der Nord- und Ostbahn, sodaß man 1926 die Verbindungsgeleise vom Verschiebebahnhof Breitenlee Richtung Stadlau und Marchegg abtrug. Offiziell gesehen, ging der weitläufige Verschiebebahnhof Breitenlee nie in Betrieb!

Dem direkt an der Nordbahn gelegenen Verschiebebahnhof Straßhof ging es erstmals in den dreißiger Jahren unseres Jahrhunderts an den Kragen. Das Verkehrsaufkommen der Nordbahn hatte sich dermaßen verringert, daß man die Gleisanlagen teilweise bereits abzutragen begann. Bevor man jedoch damit hätte fertig werden können, kündigte sich schon der nächste Weltkrieg an, der den Kurswert der Nordbahn und somit auch von Straßhof schlagartig erhöhte:

Schon kurz nach der Übernahme durch die Deutsche Reichsbahn wurden großzügige Ausbaupläne für Straßhof gewälzt. Aber die Preußen schossen auf den Schlachtfeldern Europas schneller als ihre Bürokraten zu Hause. Gegen Ende des Jahres 1942 flatterte der Reichsbahndirektion Wien eine Aufforderung des Reichsverkehrsministeriums ins Haus, unverzüglich mit dem Ausbau des Bahnhofes Straßhof zu beginnen. Diesem Berliner Wunsch trugen die Wiener nur langsam Rechnung, zumal sich zunächst zwei Jahre abermals nichts tat, bis man im Jahre 1944 endlich daranging, ein neues Heizhaus zu errichten. Das brauchte man, da vor allem die Nordbahn dem Herrn Hitler jene Truppen transportierte, die der Gefreite aus Braunau an der Ostfront verheizte.

Trotz deutscher Herrschaft setzte sich bei diesem Neubau in Straßhof dennoch das typisch Österreichische durch: Man baute nur ein provisorisches Heizhaus, und nicht einmal dieses wurde bis zum Ende des Weltkrieges fertig. Die Österreichischen Staatseisenbahnen hatten nach 1945 die ehrenvolle Aufgabe, ein deutsch-österreichisches Provisorium fertigzustellen, was 1947 sogar gelang.

Ansonsten verkümmerte der Verschiebebahnhof Straßhof vollends. Die Verschubanlage Richtung Lundenburg wurde abgetragen, der Rangierbahnhof der Gegenrichtung fungierte zunehmend als Ausrangierbahnhof. So blieb es bis zum heutigen Tag. Schlendert man inmitten meterhohen Grases über die verbliebenen Gleisanlagen, so sieht man zwar abgestellte, meist beschädigte Güterwagen sonder Zahl und spürt auch noch in der Weitläufigkeit der Anlage die große Vergangenheit, es herrscht aber beklemmende Stille. Diese wird indessen von den

Neuer Zweck für alte Waggons: Schrebergärten in Straßhof (Juni 1985)

Wildtieren genutzt; auf dem Gelände des Verschiebebahnhofes Straßhof begegnet man untertags kaum Eisenbahnern, dafür aber Rehen, und in der Dämmerung sagen einander wahrscheinlich nur noch die Füchse gute Nacht.

An die frühere Eisenbahnherrlichkeit Straßhofs gemahnen außerdem noch einige erwähnenswerte Details. Die Umgebung des Bahnhofes ist baulich vom Eisenbahnzeitalter geprägt. Dies erkennt man sowohl an gediegenen Eisenbahnerwohnhäusern als auch an den Schrebergärten, deren Häuschen und Geräteschuppen aus ehemaligen gedeckten Güterwagen der Nordbahn hervorgegangen sind. Ein beträchtlicher Teil der Bevölkerung der Gemeinde Straßhof besteht noch immer aus Eisenbahnern, obgleich die Bundesbahnen in Straßhof und Silberwald nur mehr spärlich Arbeitsplätze zur Verfügung stellen.

Wesentlich länger als der Rangierbahnhof hielt sich das Heizhaus. Dieses lag allerdings nicht direkt in Straßhof, sondern schon in Silberwald, also am östlichen Ende des ehemaligen Verschiebebahnhofes. Das Heizhaus Straßhof, untergebracht in dem schon beschriebenen deutsch-österreichischen Provisorium, behielt nach dem Zweiten Weltkrieg noch drei Jahrzehnte lang einigermaßen seine Bedeutung. Davon, daß im Herbst 1945 in Straßhof mehr als 100 Dampflokomotiven standen, allerdings zu drei Vierteln betriebsuntauglich, haben wir schon gesprochen. Im Jahre 1968, also zu einer Zeit, als das Dampflokzeitalter unaufhaltsam seinem Ende entgegenging, war die Zugförderungsstelle Straßhof die Heimat von 46 Dampflokomotiven der Reihe 52. Die 52er, in großer Stückzahl als „Kriegslokomotive“ nach 1940 gefertigt, waren auch dreißig Jahre nach dem Krieg noch recht rüstig. Sie versahen auf den noch nicht elektrifizierten Abschnitten der Nord-, Nordwest- und der Wiener Verbindungsbahn den Güterzugsdienst. Straßhof war die letzte Zugförderungsstelle der ÖBB im Vollbahnbetrieb, die nur mit Dampfloks bestückt war. Als im September 1977 die elektrische Fahrleitung von Gänserndorf bis Bernhardsthal gespannt war, ging auch die Ära des Heizhauses Straßhof zu Ende, offiziell am Silvestertag des Jahres 1977. Die letzten fünfzehn Dampfloks der Reihe 52 harrten danach noch gemeinsam mit sechs Maschinen der im Nebenbahndienst eingesetzten Reihe 93 in der Zugförderungsleitung Wien Nord ihrer Pensionierung. Diese erfolgte am 31. Dezember 1978, als der planmäßige Dampfbetrieb auf den Normalspurstrecken der Österreichischen Bundesbahnen (mit Ausnahme der Erzbergbahn) eingestellt wurde.

Das Heizhaus Straßhof verschwand aber doch nicht ganz spurlos. Eisenbahnliebhaber begannen Straßhof schon vor seiner Stillegung allmählich in ein Eisenbahnmuseum umzuwandeln. Ihr Ziel bestand darin, Dampflokomotiven der Nachwelt zu erhalten. Sie spürten in verschiedenen Dienststellen der ÖBB ausrangierte Exemplare auf, die sie dann nach Straßhof brachten. Die ÖBB hatten damals in ihrem Modernisierungstaumel kein Herz für Nostalgie, waren aber immerhin darüber froh, daß die Dampfloksammler Abstellanlagen von „Leichen“ säuberten.[57] Nach langem Hin und Her gelang es einem privaten Verein, das Heizhausprovisorium Straßhof unter Denkmalschutz stellen zu lassen und damit auch der Haager Konvention zu unterwerfen. Sollte es, was Gott und hoffentlich vernünftige Politiker verhüten mögen, abermals zu einem Krieg kommen, darf (theoretisch!) das Heizhaus Straßhof nicht in Kampfhandlungen einbezogen werden.

Seit 1. April 1984 dient die ehemalige Zugförderungsstelle Straßhof als privates Eisenbahnmuseum. An bestimmten Wochenenden werden mit wieder fahrbereiten Dampflokomotiven auf dem von der Natur überwucherten Gelände Schaufahrten durchgeführt.

Jene Vereine oder Privatpersonen, die vor einigen Jahren begannen, die Dampflokepoche zumindest zeitweilig wieder auferstehen zu lassen, wurden anfänglich von der Eisenbahnverwaltung milde belächelt. Ing. Edmund Brenner, langjähriger Vorstandsdirektor der auch mit dem elektrischen Teil des Lokomotivbaues befaßten verstaatlichten Elin Union, kann sich beispielsweise berühmen, mehr Normalspurdampflokomotiven zu besitzen als die Österreichischen Bundesbahnen. Brenner erwarb bereits ein Dutzend längst außer Dienst gestellter Dampflokomotiven, und zwar nicht nur von den ÖBB, sondern auch von benachbarten Bahnverwaltungen, wie von den tschechoslowakischen, jugoslawischen und rumänischen Staatseisenbahnen. Die meisten Maschinen kaufte er zum Schrottpreis ein. Danach verbrachte der Maschinenbauingenieur Brenner lange Zeit damit, die teilweise in desolatem Zustand befindlichen Lokomotiven zu sanieren. Als er Ende der siebziger Jahre erstmals beim zuständigen ÖBB-Direktionsrat vorsprach, um eine ausrangierte Dampflok zu erwerben, fühlte sich der ÖBB-Beamte auf die (Kohlen-)Schaufel genommen.

Obwohl die ÖBB zunächst mit einer Unsumme von zusätzlichen Vorschriften den privaten Personen und Vereinen solche Dampflokfahrten erschweren wollten, dreht sich nun der Wind allmählich. Da die Nachfrage für Dampf-Sonderzüge zunimmt, sehen die Bundesbahnen in der Wiederauferstehung von Dampflokomotiven nicht mehr eine zu belächelnde Narretei ewiggestriger Bahnliebhaber, sondern ein mögliches touristisches Zusatzgeschäft. Eigentlich wirkt es fast peinlich, daß die Bundesbahn bei der Durchführung von Sonderfahrten oft die Hilfe privater Kreise benötigt, da diese einen größeren Dampflokfuhrpark besitzen als Unsere Bahn.

Weil wir gerade dabei sind, unsere geschätzten Österreichischen Bundesbahnen ein bißchen zu necken, kommen wir noch einmal auf die beiden aufgelassenen Verschiebebahnhöfe Straßhof und Breitenlee zurück. Der letzte verschwand schon während der Zwischenkriegszeit samt den großzügig angelegten Gleisschleifen. An die alte Herrlichkeit erinnern in der Gegenwart nur mehr Brückenpfeiler, Widerlager, Dämme sowie ein für den unvoreingenommenen Beobachter sinnlos erscheinendes langes Stutzgleis, das sich von Breitenlee an der Ostbahn bis an den Rand der Ortschaft Breitenlee zieht. Die österreichische Verkehrspolitik der unmittelbaren Nachkriegszeit hatte eine zwar politisch und psychologisch verständliche, verkehrsgeographisch und technisch aber nicht ganz nachvollziehbare Aversion gegen den Norden und Osten. Man ließ auf der einen Seite zwei große Verschiebebahnhöfe verkommen und abtragen, nur weil sie an der nach dem Krieg weniger frequentierten Nord- und Ostbahn lagen, sollte jedoch mehr als vierzig Jahre brauchen, bis endlich die allzu lang gewälzte Idee eines Zentralverschiebebahnhofes im Großraum Wien in die Tat umgesetzt werden konnte. Der Hauptabrollberg des Zentralverschiebebahnhofes Kledering ist für eine Verschubkapazität von 6100 Güterwagen pro Tag ausgelegt. Der für die Feinreihung eingesetzte Nebenabrollberg schafft täglich 1000 Wagen.

Daß eine Beibehaltung der Verschiebebahnhöfe Straßhof und Breitenlee seine Berechtigung hätte, wurde durchaus auch schon im Jahre 1945 erkannt, allerdings leider nur von einem Professor an der Technischen Hochschule Wien, Hofrat Ing. Robert Findeis. Dieser publizierte schon im September 1945 eine kleine, nur 30 Seiten – also theoretisch auch für gestreßte Direktoren und Politiker lesbare – umfassende Broschüre, in der er Vorschläge für die Nutzung der Wiener Eisenbahnverkehrsanlagen unterbreitete. Unter dem Stichwort „Nordbahn“ führte er aus:

„Ihr Ferngüterverkehr wird bereits im Rangierbahnhof Straßhof zur Weiterfahrt (Umfahrung) über Wien hinaus geordnet. Für den Nahgüterverkehr sämtlicher östlichen und nördlichen Bahnen dient der Rangierbahnhof Breitenlee, welcher mit einer Leistungsfähigkeit von etwa 2500 Wagen täglich den voraussichtlichen Anforderungen einschließlich einzelner Verkehrsspitzen genügen wird.“[58]

Findeis beschäftigte sich im chaotischen Jahr 1945 nicht nur mit dem Güterverkehr; er skizzierte auch schon zukunftsweisende Pläne in Hinblick auf einen zentralen Personenbahnhof, mit dem Wiener Politiker von Bürgermeister Dr. Karl Lueger bis Vizebürgermeister Hans Mayr in Gedanken schon seit fast hundert Jahren spielen. Nur die Realisierung kam bis heute nicht zustande.

Nach den Vorstellungen des vorausblickenden Technikprofessors Findeis wären alle Personenbahnhöfe Wiens an ihren alten Standorten verblieben, aber bis auf zwei Ausnahmen ausschließlich für den Nahverkehr zu verwenden gewesen:

„Während daher die bestehenden (oder wiederhergestellten) Bahnhöfe, soweit sie nunmehr nur für den Nahverkehr zu dienen bestimmt sind, in den einzelnen Stadtteilen nach Weltgegenden (Nord, Ost, Süd, Nordwest) oder Zielstationen u. dgl. (Aspang) benannt, an ihren Stellen verbleiben – Dezentralisation –, tritt für den Fernreiseverkehr eine weitgehende Zusammenfassung – Zentralisation – in einem ‚Fern'-Bahnhofe ein."[59]

Als Fernreisebahnhöfe sah der Findeis-Plan die Verkehrsstellen Wien West und Wien Ost vor. Während der Westbahnhof nur den Fernverkehr der Westbahn aufgenommen hätte, sah Findeis für den geographisch seiner Meinung nach günstig gelegenen Ostbahnhof neue Aufgaben vor: „Ostbahn: Ihr Bahnhof wird als Fernreisebahnhof für alle aus Nordwesten, Norden und Osten einmündenden Linien sowie der Südbahn auszugestalten sein. Hiebei werden die letztbezeichneten Züge über die Strecke Wampersdorf – Gramatneusiedl zur Brucker Linie der St. E. G. (Staats-Eisenbahn-Gesellschaft) geleitet."[60]

Von den genannten Vorstellungen wurde, wie sich jeder Bahnbenützer der Gegenwart überzeugen kann, bislang nichts in die Tat umgesetzt; wenn man vom zuletzt zitierten Satz absieht, der zumindest in Spurenelementen vierzig Jahre nach Abfassung der Findeis-Vorschläge realisiert worden ist. Der Balkan-Expreß (allerdings nur Fahrtrichtung Wien) wird seit drei Jahren als einziger Fernzug der Südbahn über die Pottendorfer Linie abgeleitet. Mit Inkrafttreten des Sommerfahrplans 1986 wurde der Balkan-Expreß in Zagreb-Expreß umbenannt – wer will denn schon in Österreich mit dem Balkan zu tun haben?

Aber immer wieder erwachte die Idee eines Wiener Zentralbahnhofes zu neuem Leben; erstmals nach 1945, als man mit dem Bau der Donauinsel begann und dort nicht Badegäste und Freizeitsegler, sondern eben jenen fast schon sagenhaften „Zentralbahnhof" angesiedelt sehen wollte. Daraus wurde bekanntlich nichts, die Idee aber überlebte: Ganz überraschend verkündeten Wiens Stadtgewaltige zu Ende des Jahres 1985, daß sie sich ein solches Projekt sehr wohl vorstellen könnten, und zwar im Rahmen einer städtebaulichen Umgestaltung, die durch den Bau der Staustufe Wien notwendig würde. In einem Aufwaschen wolle man bei dieser Gelegenheit gleich ein Weltausstellungszentrum, ein neues Messegelände und eben einen Zentralbahnhof errichten. Einen Bauplatz dafür hat man auch bereits im Auge: Erste Wahl ist die große Freifläche des Nord(Güter-)bahnhofes, aber auch der Verschiebebahnhof Wien-Matzleinsdorf ist im Gespräch. Ob diesmal, im x-ten Anlauf, etwas aus der Sache wird, ist allerdings mehr als fraglich.

Kurzum, das erste Jahrzehnt nach dem Zweiten Weltkrieg wurde im Raum Wien für keine bahnbrechenden Umgestaltungen des Schienenverkehrs genutzt, im Gegenteil. Die einzige bedeutende Tat war von fast symbolischem Wert: Während man die Nordbahn streckenweise dem Rost überließ, wurde die Elektrifizierung der Westbahn, die während des Krieges in Attnang-Puchheim steckengeblieben war, abgeschlossen: Am 19. Dezember 1952 fand die Eröffnung des letzten Teilstückes zwischen Amstetten und Wien-Westbahnhof statt. Im Westen ein bisserl was Neues, im Osten dafür gar nichts.

Spärlicher Verkehr auf der Nordbahn: Dieseltriebwagen 5041 (VT 41) verläßt Floridsdorf (1960)

Floridsdorf – Deutsch Wagram: Die zweite Premiere

Bei der kritischen Schilderung, wie zwischen 1945 und 1955 im Osten und Norden Wiens mehr Gleisanlagen abgetragen als neu gebaut oder wiederhergestellt wurden, blieb bisher ein möglicherweise nicht ganz unwichtiges Detail unberücksichtigt: Die Anlagen und Anschlußstrecken der Bahnhöfe Wien Nord und Nordwest lagen zur Gänze im sowjetischen Besatzungssektor. Die Befreier mit dem roten Stern erwiesen sich nicht unbedingt als Förderer der heimischen Bauwirtschaft. Tatsache war jedenfalls, daß sich auch im Wiener Eisenbahnleben erst etwas tat, als sich um 1955 die Befreiung von den Befreiern ankündigte.

Nach einem Jahrzehnt, in dem man auf der Stelle getreten war, was unter anderem auch neue Impulse für den öffentlichen Nahverkehr in und um Wien betraf, nahm die ohnedies längst fällige und daher eigentlich naheliegende Idee langsam Gestalt an, zumindest einen Teil der zahlreichen Wiener Bahnlinien für einen modernen Schnellbahnverkehr einzurichten.

Immer dann, wenn eine Idee gut ist, wird diese mit an Sicherheit grenzender Wahrscheinlichkeit von einem geschickten Politiker in väterlicher Weise für sich reklamiert. Diese Unart besaßen natürlich auch schon die politischen Mandatare der Wiederaufbauzeit. Im offiziellen Schrifttum gilt daher der damalige Bundesminister für Verkehr Dipl.-Ing. Karl Waldbrunner als Vater des Schnellbahngedankens. Also sprach Waldbrunner im Mai 1959:

„Der Wiener Nah- und Stadtverkehr ist schon seit Jahrzehnten ein Sorgenkind nicht nur der zuständigen Stadtverwaltung, sondern aller für den Verkehr verantwortlichen Stellen. Das hat mich auf die Idee gebracht, die Verbindungsbahn Meidling – Nordbahnhof mit der Fortsetzung Nordbahnhof – Floridsdorf zu einer Schnellbahnlinie auszubauen. Durch die

Einbeziehung der Nahverkehrslinien der Süd-, Nord-, Nordwest-, Aspang- und Preßburger Bahn und durch die Möglichkeit des Anschlusses der Stammersdorfer Linie in Jedlersdorf, dehnt sich das Einzugsgebiet der Linie Meidling – Floridsdorf auch auf jene Gebiete aus, die von der Stadtplanung für die Stadterweiterung vorgesehen sind. Vor allem die in verkehrstechnischer Sicht seit jeher sehr stiefmütterlich behandelten Gebiete am linken Donauufer werden eine weit günstigere Verbindung zum Stadtzentrum besitzen als bisher. Da die Linie Meidling – Floridsdorf vorhanden ist, wird das Projekt des Ausbaues einer Schnellbahn auf dieser Trasse gegenüber der Anlage vollständig neuer Verkehrsverbindungen auch einen verhältnismäßig geringen Bauaufwand erfordern. Der Umbau der bestehenden Linien zu einer Schnellbahn beschränkt sich auf jene baulichen Maßnahmen, die der Hebung der Leistungsfähigkeit und der Sicherheit und Bequemlichkeit des reisenden Publikums dienen.“[61]

Nun, wie schon angedeutet, kamen für die Schnellbahn-Idee schon frühere Väter als der seinerzeitige Verkehrsminister und nachmalige Nationalratspräsident Waldbrunner in Frage. Die Bedeutung des Wiener Verbindungsbahnnetzes für den städtischen Nahverkehr hatte man im Prinzip schon im ersten Viertel des 20. Jahrhunderts erkannt und manchmal sogar schüchtern erprobt.

So richtete etwa die Prager Elektrofirma Křižik auf dem Streckenabschnitt Hauptzollamt (später Landstraße und nunmehr Wien Mitte) – Wien Nord einen elektrischen Versuchsbetrieb ein.[62] Vier Jahre zuvor experimentierte Siemens & Halske mit der gleichen Aufgabenstellung auf der damals noch mit Dampf betriebenen Wiener Stadtbahn zwischen dem Betriebsbahnhof Michelbeuern und Heiligenstadt.

In der Zwischenkriegszeit verkehrten, etwa im Jahre 1925, auf der Verbindungsbahn Nahverkehrspersonenzüge, deren Streckenführung auch heute noch manchem Tagespendler Freudentränen in die Augen treiben würde: Hütteldorf – Hauptzollamt – Dürnkrut beziehungsweise Hütteldorf-Hacking – Hauptzollamt – Gänserndorf – Marchegg.[63]

Diese Streckenführung war damals allerdings nur dadurch möglich, daß die Gleisanlagen der Stadtbahn vor ihrer Verpachtung an die Stadt Wien kein isoliertes Eigenleben führten, sondern mit dem Streckennetz der Bundesbahnen an mehreren Stellen verknüpft waren, etwa in Hütteldorf, in Heiligenstadt und im Bahnhof Hauptzollamt. Die Gleistrennung war von nachhaltiger Symbolkraft mit negativen Auswirkungen auf die regionale Verkehrspolitik.

Vorerst müssen wir noch einen Vordenker Waldbrunners aufstöbern: Es handelt sich, für aufmerksame Leser sicherlich keine Überraschung mehr, um unseren verehrten, schon mehrmals erwähnten Hofrat Professor Findeis. Er sprach sich bereits 1945 für einen elektrischen Schnellbahnbetrieb zwischen Hütteldorf und Korneuburg aus.[64]

Um möglicherweise auftretenden Mißverständnissen sogleich entgegenzutreten: Das Verdienst des damaligen Verkehrsministers Karl Waldbrunner bezüglich der Realisierung der Schnellbahn-Stammstrecke ist unumstritten. Allein die Idee zu haben, war jedoch keine Kunst, zumal man – wie in der Waldbrunner-Rede nachzulesen ist – lediglich jene Anlagen zu adaptieren hatte, die im Raum Wien schon seit Kaiser Franz Josephs langen Tagen, mehr oder weniger befahren, vorhanden waren.

Die Bauphase der Wiener Schnellbahn war dadurch beeinträchtigt, daß die Wiener Nachkriegsstadtväter von einem Gesamtverkehrskonzept nichts hielten. Dieser mangelnde Scharfsinn und -blick ging wohl auf die Gleistrennung zwischen Stadtbahn und Bundesbahn zurück. Mit dem isolierten Betrieb der Stadtbahn wurde die Möglichkeit zerstört, in Wien durch einen kombinierten Stadt- und Schnellbahnverkehr ein dichtes, modernes und leistungsfähiges Nahverkehrsnetz zu schaffen, das kostensparend errichtet werden hätte können und einen Teil der mühsam gegrabenen U-Bahn-Linien erspart hätte.

Der Wiener Stadtverwaltung gelang hingegen das beachtliche Kunststück, lange Zeit beides zu verhindern: sowohl einen kombinierten Nahverkehr als auch den Bau der U-Bahn. Welche Möglichkeiten sich im Zuge einer Einbindung der Stadtbahn in das ÖBB-Streckennetz ergeben hätten können, ist in einer Dissertation der Technischen Hochschule Wien nachzulesen, die im Februar 1955 von Dipl. Ing. Kurt Keller eingereicht wurde. Keller schlug zwei Schnellbahnlinien vor, eine Nord-Süd- und eine West-Ost-Linie.

Seine geplante Nord-Süd-Linie verband Neu Jedlersdorf mit

Der Wiener Praterstern Ende der 50er Jahre: Vom neuen Bahnhof sind erst die Fundamente sichtbar

Baden. Die Detailstreckenführung sah so aus: Nördliche Endstation Neu Jedlersdorf (der Bahnhof Jedlesee) – Nordwestbahnbrücke – ein Gleisbogen zum Bahnhof Heiligenstadt – von Heiligenstadt bis zum Westbahnhof auf der Trasse der bestehenden Gürtel-Stadtbahn, vom Westbahnhof bis Südbahn Meidling eine Trasse in Tieflage und sodann südlich der Philadelphiabrücke Einmündung in die Strecke der Lokalbahn Wien – Baden.

Die Kellersche West-Ost-Schnellverbindung durchmaß auf der Stadtbahnstrecke das äußere Wiental und folgte der Gürtelstrecke bis Gumpendorfer Straße, von dort verlief die Linie auf einer zur Gänze neu zu errichtenden Trasse in Tieflage unter Mariahilfer Straße – Babenbergerstraße – Opernring – Kärntner Straße – Stephansplatz – Rotenturmstraße – Schwedenplatz – Praterstraße – Praterstern zur Reichsbrücke und von dort auf Straßenniveau beziehungsweise in Hochlage über die Wagramer Straße nach Kagran.[65]

Die von Kurt Keller entworfenen Schnellbahnlinien wurden beziehungsweise werden im Zuge des U-Bahnbaues größtenteils nachvollzogen. So entspricht die West-Ost-Linie einer Kombination der später geplanten und errichteten U-Bahnlinien U 1, U 3 und U 4. Das Herzstück der Nord-Süd-Verbin-

dung korrespondiert wiederum mit der nachmaligen Linienführung der U 6.

Die 1955 dargelegten beiden Schnellbahnlinien verstand Kurt Keller nicht als Gegenstück, sondern vielmehr als Ergänzungen der damals schon in Projektform vorhandenen Schnellbahn-Stammstrecke Meidling – Floridsdorf.

Als Sinnbild dafür, daß nun auch für einen Teil der österreichischen Nordbahnstrecke wieder ein neues Zeitalter anbrechen würde, begann man 1955, im Jahr des Staatsvertrages, die Reste der alten, von der deutschen Wehrmacht gesprengten Nordbahnbrücke abzutragen, um Platz für einen neuen Brükkenschlag über die Donau und das damals noch existierende Inundationsgebiet zu schaffen. Parallel hiezu wurden auch die am Ende des Zweiten Weltkrieges zerstörten oder schwer beschädigten Brücken über Straßenverbindungen im 20. Wiener Gemeindebezirk sowie über die Alte Donau neu aufgebaut. Im Mai 1959 konnte der Streckenabschnitt zwischen Wien Nord und Floridsdorf – vierzehn lange Jahre nach der Verwüstung durch den Weltkrieg – in Betrieb genommen werden. Anläßlich des letzten Nietenschlages an der Nordbahnbrücke skizzierte Verkehrsminister Waldbrunner die neue Schnellbahnkonzeption, für deren Verwirklichung die Rekonstruktion der

Nordbahnbrücke samt Rampen eine unabdingbare Voraussetzung bildete.

Das einzige Denkmal der Nordbahnära vor dem Zweiten Weltkrieg blieb noch bis zur Mitte der sechziger Jahre fragmentarisch stehen: der westliche Flügel des Aufnahmsgebäudes des alten Wiener Nordbahnhofes. Als mit Hilfe von dröhnenden Baumaschinen der letzte ausgebrannte, doch bis zuletzt eindrucksvolle Turm des Nordbahnhofes umgestürzt wurde, versank eine mehr als hundertjährige, von allen Höhen und Tiefen der österreichischen Geschichte geprägte Epoche in Schutt und Trümmern.

Ein ehrendes Angedenken wurde dem alten Wiener Nordbahnhof nicht zuteil: Auf seinem Areal wurden jeder Ästhetik Hohn sprechende Wohnhäuser und ein Dienstgebäude der Bundesbahndirektion Wien errichtet. Traurig, aber wahr: Der alte, ausgebrannte und verwahrloste Nordbahnhof hatte eine wesentlich bessere Figur gemacht.

Mit der Wiedereröffnung des Bahnbetriebes zwischen Wien Nord und Floridsdorf änderte sich im zis- und transdanubischen Bahnverkehr einiges: Mit Beginn des Sommerfahrplanes 1959 wurde der Eisenbahnverkehr über die Nordwestbahnbrücke eingestellt. Sie wurde bis auf die Pfeiler abgetragen und mußte dem Hauptkonkurrenten der Wiederaufbauphase Platz machen. Seit 1964 heißt die Nordwestbahnbrücke schlicht und häßlich Nordbrücke und bildet eine immer wieder verstopfte Hauptschlagader des Autoverkehrs.

Der Wiener Nordbahnhof hatte zwar 1959 noch kein neues Aufnahmsgebäude, wurde aber ein Verkehrsknotenpunkt neuen Stils. Wien Nord bildete den Endbahnhof für Züge der Nord-, Nordwest-, Aspang- und der Preßburger Bahn.

Zweieinhalb Jahre später, am 17. Jänner 1962, feierte die Nordbahn nach einer langen Zeit der Entbehrungen eine erfreuliche Premiere. An jenem Tag wurde – wegen eines vorübergehenden Zusammenbruchs des Investitionsprogrammes mit einem Jahr Verspätung – zwischen Meidling und Floridsdorf der Schnellbahnbetrieb aufgenommen. Erfreulicherweise wurden auch die Nordbahnstrecke bis Gänserndorf und die Nordwestbahn bis Stockerau von Anfang an ins Schnellbahnnetz einbezogen. Ab Jänner 1962 herrschte auf der Nordbahn, zumindest bis Gänserndorf, wieder reger Bahnbetrieb.

17. Jänner 1962: Der erste Schnellbahnzug im Bahnhof Gänserndorf

War die Strecke Floridsdorf – Deutsch Wagram im November 1837 die Premiere der Dampfeisenbahn in Österreich gewesen, bildete dieser Abschnitt fast 125 Jahre später die erste Eisenbahnstrecke Österreichs, auf der ein Schnellbahnbetrieb aufgenommen wurde. Diese Ehre hatte sich die alte Nordbahn nach so langer Zeit der Vernachlässigung wirklich verdient!

Effektive Veränderungen gegenüber dem Streckenverlauf der alten Verbindungsbahn waren spärlich. Hervorzuheben ist nur der Bau des Tunnels unter dem Schweizergarten und dem Wiedner Gürtel mit den unterirdischen Haltestellen Südbahnhof und Südtiroler Platz. Um den neuen Verkehrsverhältnissen Rechnung zu tragen, wurden die Bahnhöfe Floridsdorf, Wien Nord und Hauptzollamt „verschoben". Der Bahnhof Floridsdorf wurde rund 500 Meter Richtung Donau verlegt, der Bahnhof Wien Nord wanderte nach Süden und befindet sich in Hochlage oberhalb des Verkehrsknotenpunktes Praterstern.

Von Jänner 1962 bis Mai 1975 hieß der Bahnhof Wien Nord „Praterstern". Der Bahnhof Hauptzollamt wurde in „Landstraße" umbenannt. Im Jahre 1975 änderte man die beiden Bahnhofsbezeichnungen abermals: Der „Praterstern" wurde wieder „Wien Nord", und „Landstraße" wurde zu „Wien Mitte".

Die Zugansagen im Schnellbahnbereich erfolgten von allem Anfang an per Tonband über die Lautsprecheranlagen der Bahnhöfe und Haltestellen. Bis zum Ende der siebziger Jahre ertönte die Stimme einer Persönlichkeit mit interessantem beruflichem Entwicklungsgang: Herbert Suchanek war, bevor er zum Rundfunk wechselte und ausgerechnet mit der Moderation der Sendung „Autofahrer unterwegs" bekannt wurde, ÖBB-Fahrdienstleiter gewesen. Suchanek ist nicht der einzige mittlerweile öffentlich bekannt gewordene Eisenbahner, der beruflich „fremdgegangen" ist und danach Karriere gemacht hat: Auch der langjährige Vorstandsdirektor der Österreichischen Luftverkehrs AG, besser bekannt unter dem Kürzel AUA, Dr. Hubert Papousek, stieß vom Fahrdienst zum Flugdienst vor.

Um die Domäne des männlichen Geschlechts zumindest andeutungsweise zu durchbrechen, flötet seit Herbert Suchaneks Ablöse die Fernsehsprecherin Chris Lohner aus den Lautsprechern der Wiener Schnellbahn.

Mit Aufnahme des Schnellbahnverkehrs mußten auch der Fahrzeugbestand erweitert und die Zugförderung neu geregelt werden. Am Beginn der Schnellbahnära verkehrten 19 Garnituren der elektrischen Triebwagenreihe 4030. Die Entwicklung dieses Triebwagentyps verlief, wie dies auch bei anderen in großer Stückzahl erzeugten Triebfahrzeugen der Fall gewesen ist, etwas verwirrend. Die Auslieferung der ersten elektrischen Nahverkehrstriebwagen (zunächst vierteilig) erfolgte mit dem Jahre 1956 unter der Reihenbezeichnung 4030.0 (4030.01–22). Diese Garnituren dienten, mit einer Höchstgeschwindigkeit von 100 Stundenkilometern, im Personenzugdienst.

1958 kam eine leicht veränderte Variante heraus, die eine Höchstgeschwindigkeit von 130 Stundenkilometern aufwies, und als Triebwagenschnellzug „Transalpin" (mit Wagen I. Klasse und Küchenabteil) von 1958 bis 1964 eingesetzt wurde. Diese Reihe 4130.0 (4130.01–04) wanderte nach 1964 in den Personenzugdienst ab.

Im Jahre 1960 wurden die ersten eigentlichen Vorlaufmodelle der Schnellbahn ausgeliefert: dreiteilige Garnituren mit der Reihenbezeichnung 4030.100 (4030.101–104). Die klassische Schnellbahngarnitur 4030.200 kam wegen zu später Bestellung in zunächst nur zwei statt fünfzehn Exemplaren erst unmittelbar vor der Aufnahme des Schnellbahnbetriebes auf die Welt. Am Beginn der Schnellbahnära waren folglich die Garnituren der Reihe 4030.0 (ohne pneumatische Türen) das Rückgrat des Fahrbetriebes. Waren die Ausfälle durch die anfänglich noch vorhandenen technischen Kinderkrankheiten besonders hoch, kamen fallweise auch Dieseltriebwagen der Reihe 5045 (im Volksmund als „Blauer Blitz“ bekannt) zum Einsatz.

Die zunächst als „Wechselstromtramway“ belächelte Reihe 4030.200 bewährte sich schließlich ausgezeichnet. Bis 1975 wurden von dieser Reihe insgesamt 46 Garnituren ausgeliefert, sodaß unter Einschluß der eng verwandten Reihen 4030.0 und 4030.100 zwischen 1956 und 1975 alles in allem 72 Triebwagen der Serie 4030 erzeugt wurden.

Ein Charakteristikum der Serie 4030 (die Triebwagen mit der Bezeichnung 4030.0 und 4030.100 wurden im Laufe der Hauptausbesserungen in die Reihe 4030.300 umgebaut) ist die sogenannte Vielfachsteuerung. Dieser Terminus besagt, daß bei einer Doppelgarnitur beide Triebwagen von einem Führer-

Bahnhof Süßenbrunn: Schnellbahnzug der Reihe 4020/6020 (Juli 1986)

stand aus gesteuert werden können. Man braucht also auch bei einer Doppelgarnitur nur einen Lokführer. Wie gut und exakt diese Vielfachsteuerung funktionieren kann, veranschaulicht eine Begebenheit, die sich 1963 auf der Nordwestbahn zutrug. Zwei Garnituren wurden versehentlich nicht mit der Schraubenkupplung miteinander verbunden, sondern nur mit dem Vielfachsteuerungsleitungskabel. Normalerweise müßte sich das Leitungskabel beim ersten Ruck aus der Steckdose lösen. Die Vielfachsteuerung funktionierte allerdings so hervorragend, daß die erwähnte Doppelgarnitur von Floridsdorf nach Stockerau und von dort bis Korneuburg zurückfuhr, ehe der Irrtum bemerkt wurde.[66]

Dieser Vorfall weist in zweierlei Hinsicht bereits eine historische Dimension auf: Zum einen sind die Schraubenkupplungen schon vor Jahren durch automatische Mittelpufferkupplungen (Scharfenbergkupplungen) ersetzt worden. Zum anderen prägen seit Anfang der achtziger Jahre nicht mehr die Garnituren der Reihe 4030 das Erscheinungsbild des Nahverkehrs auf der Nord- und Nordwestbahn; von 1978 bis 1986 wurden bereits mehr als 100 Schnellbahngarnituren der Reihe 4020 ausgeliefert. In diesen Garnituren hat bereits die Elektronik Einzug gehalten, die am Anfang sowohl das Personal als auch die Fahrgäste in Verzweiflung gestürzt hatte, zumal die Garnituren reihenweise mit Defekten im wahrsten Sinne des Wortes auf der Strecke blieben.

Mittlerweile hat man die Elektronik längst unter Kontrolle, wenn man von den Zielanzeigen an der Stirnfront der Trieb- und Steuerwagen absieht. Diese zeigen manchmal entweder gar nichts oder aber ein falsches Fahrziel an.

Stationiert sind die Fahrzeuge der Wiener Schnellbahn in der Zugförderung Floridsdorf. Diese wurde am 1. Jänner 1962 als Zugförderungsstelle eingerichtet, die zunächst der Zugförderungsleitung Wien Nordwest zugeteilt war. Im Mai 1962 wurde die Zugförderungsleitung Wien Nordwest aufgelassen und statt dessen die Zugförderungsleitung Wien Nord wieder reaktiviert, sodaß Floridsdorf nunmehr Wien Nord unterstellt wurde. Seit 1. Jänner 1975 ist Floridsdorf eine eigene Zugförderungsleitung. Mit einem Triebfahrzeugstand von mehr als 100 Garnituren zählt sie zu den zehn größten Dienststellen der Österreichischen Bundesbahnen. In Floridsdorf stehen daher schon seit Jahren mehr Triebfahrzeuge als in der Zugförderung Wien Nord. Gegenüber dem Stand des ersten Betriebsjahres der Wiener Schnellbahn hat sich die Zahl der in Floridsdorf beheimateten Schnellbahngarnituren verfünffacht. Dies ist sowohl auf eine beträchtliche Verkürzung der Zugintervalle auf der Stammstrecke als auch auf eine Ausweitung des Schnellbahnverkehrs zurückzuführen. Mit Inkrafttreten des Sommerfahrplanes 1979 wurde der Schnellbahnbetrieb im Einstundentaktverkehr auf der Nordwestbahn von Stockerau nach Hollabrunn verlängert. Mit Beginn des Winterfahrplanes 1983/84 erreichte die Schnellbahn auf dem nördlichen Ast der Ostbahn Wolkersdorf im Halbstunden- und Mistelbach im Einstundentakt.

Im Zuge des Umbaues der Nord- und Nordwestbahn auf den Schnellbahnbetrieb kamen auch neue Haltestellen hinzu. Seit der Aufnahme des Schnellbahnverkehrs existiert bereits die Station Traisengasse. 1964 folgte die Haltestelle Strandbäder. Jüngster Sproß dieser Entwicklung ist die unbesetzte Haltestelle Helmahof zwischen Straßhof und Deutsch Wagram, die mit Winterfahrplan 1984/85 installiert wurde.

Unbewußten Symbolgehalt besaß die Eröffnung der Haltestelle Brünnerstraße im Jahre 1969, nachdem man den Verbindungsbogen zwischen den Bahnhöfen Floridsdorf und Jedlersdorf zweigleisig ausgebaut hatte (bis 1984 herrschte auf der Nordwestbahn Rechtsverkehr, seit 1984 wurde – wie auf der Wiener Schnellbahn allgemein üblich – auf Linksverkehr umgestellt). Im selben Jahr stellte man unter Hausnummer Brünnerstraße 57 die Produktion in der traditionsreichen Lokomotivfabrik Floridsdorf ein. Die „Wiener Locomotiv-Fabriks-Actiengesellschaft“ war 1869 gegründet worden und hatte während der hundert Bestandsjahre den österreichischen Lokomotivbau sowohl in der Dampflokzeit als auch noch in der Ära der elektrischen Traktion geprägt. So stammten entweder zur Gänze oder zumindest teilweise die Dampflokreihen 52, 93, 97, 197 und 298 aus der LOFAG.

Der zunächst unmerkliche Untergang der LOFAG begann bereits im Jahre 1938, als sich Österreich im Tausendjährigen Reich wiederfand. Die LOFAG wurde mit den reichsdeutschen Henschelwerken fusioniert und erlebte während der Kriegsjahre erwartungsgemäß Auftragsrekorde. Am Ende des Zwei-

Wehmut vor der Demolierung: Das LOFAG-Gelände im Juni 1985

ten Weltkrieges befand sich die Wiener Lokomotivfabrik in der sowjetischen Besatzungszone und fiel, mit der Etikette „Deutsches Eigentum“ versehen, unter die Verwaltung der Sowjets. Da die LOFAG als „Russenbetrieb“ für das Österreich außerhalb der sowjetischen Zone unverläßlich schien, begann man in der damaligen Konkurrenzfirma Simmering-Graz-Pauker (SGP) im Werk Graz (das in der britischen Zone lag) eine eigene E-Lokfertigung aufzuziehen. Dieser Grazer Zeit entstammen die Reihen 1010, 1110, 1041 und 1141.

Nach Abschluß des Staatsvertrages und der Übergabe des ehemaligen Deutschen Eigentums an die Organe der Republik kam die LOFAG in den Schoß der verstaatlichten Industrie und wurde bald darauf mit der SGP fusioniert, gegen den Widerstand der Belegschaft, die die drohende Stillegung bereits damals ahnte.

Aus dem LOFAG-„Stall“ stammen folgende österreichische E-Lokreihen zur Gänze: 1018, 1040, 1245, 1245.500, 1061, 1161, 1062, 1670.100, 1089 und 1189. Zum Teil wurden von der LOFAG Loks der Reihen 1020, 1045, 1145 und 1670 erzeugt. „Reinrassige“ Floridsdorfer Maschinen, allerdings größtenteils schon unter der SGP-Ära, waren die Reihen 1046 und 1042.0. Die Reihe 1042.500, von der zwischen 1967 und 1977 insgesamt 197 Lokomotiven hergestellt wurden, stammt zum Teil noch aus Floridsdorf.

Während des Jahres 1985 wurden die weitläufigen Anlagen der Wiener Lokomotivfabrik geschleift, womit eines der bedeutendsten Kapitel des österreichischen Lokomotivbaues und auch des Industriebezirkes Floridsdorf endgültig zu Ende ging. Kurze Zeit hatte man die Hoffnung, daß manche Hallen der LOFAG vielleicht doch zweckentsprechend weitergenutzt werden könnten, und zwar als Österreichisches Eisenbahnmuseum. Dieser Traum war allerdings sehr bald ausgeträumt, denn „wer soll das bezahlen . . .“ Ein Möbelhändler konnte, und nun kann man dort, wo so viele Lokomotiven das Licht der Welt erblickten, Wohnungseinrichtungen vom Vorzimmer bis zum Kinderzimmer erstehen. Wer kurz vor dem Niederreißen der Hallen trotz der „Lebensgefahr“ verheißenden Tafeln dort herumschlenderte, vermochte sich gar nicht mehr vorzustellen, daß jene Loks, die hier erzeugt worden waren, zum Teil noch immer die Hauptlast des Fahrdienstes tragen.

Rückwärts in die letzte Station

Grenzen haben im menschlichen Dasein meist etwas durchaus Natürliches an sich, mitunter allerdings auch etwas Groteskes. Solches trifft beispielsweise auf die Grenze zwischen Österreich und der Tschechoslowakei zu. So kann beispielsweise ein Zug in der letzten auf österreichischem Boden befindlichen Nordbahnstation Bernhardsthal (eine unbesetzte Haltestelle) nicht „gestürzt werden". Die Lok kann also nicht abgekuppelt werden und dann auf einem Parallelgleis zum anderen Zugsende fahren, um dort für die Rückfahrt wieder angekuppelt zu werden. Nein, an dieser Grenze ist es ganz anders. Die Garnitur muß im Rückwärtsgang in den entfernten Frachtenbahnhof Bernhardsthal zurückgeschoben werden, wird dort gestürzt, um dann – wiederum rückwärts – für die Abfahrt aus Bernhardsthal bereitgestellt zu werden.

Die groteske Grenzsituation zwischen Bernhardsthal und Lundenburg/Břeclav läßt sich mit einem noch skurrileren Vorfall kennzeichnen: „Am 29. November 1971 um 15.30 Uhr überfuhr Zug 2368 infolge unterlassener Signalbeobachtung durch die Zugmannschaft das haltzeigende Deckungssignal des ČSSR-Kontrollpostens Pohansko zwischen den Bahnhöfen Břeclav (Lundenburg) und Bernhardsthal Frachtenbahnhof und entgleiste mit der Lokomotive und den anschließenden sieben Güterwagen auf dem zum Signal gehörenden Gleissperrschuh im Kilometer 78,835. Dieser Gleissperrschuh war von den ČSSR-Behörden zwecks Verhinderung von Fluchtfahrten mit Schienenfahrzeugen angebracht worden. Bei dem Unfall stürzten die 52.1591 und zwei leere Güterwagen um."[67]

Der Posten Pohansko, der sich kaum einen Kilometer hinter der Staatsgrenze auf tschechoslowakischem Territorium befindet, ist kein gewöhnlicher Blockposten, wie uns der Buchfahrplan weismachen will; denn wie schon in unserem Beispiel gezeigt, dient Pohansko nicht nur eisenbahntechnischen Si-

Und der Rest ist Rost: Staatsgrenze bei Bernhardsthal (Juni 1985)

cherheitsvorkehrungen. Hier macht sich der Eiserne Vorhang zum ersten Mal bemerkbar: Bald hinter der Grenze beginnt links und rechts der Geleise ein Drahtverhau, der die Bahnstrecke vom Umland hermetisch abriegelt. Posten mit geschultertem Karabiner patrouillieren in diesem „Käfig", der bei Nacht mit Scheinwerfern taghell erleuchtet wird. Das rote Signal verordnet hier jedem Zug einen fahrplanmäßigen Aufenthalt von mindestens fünf Minuten; in der Praxis dauert dieser mitunter freilich viel länger. Trifft ein Zug, gleichgültig ob Reise- oder Güterzug, in Pohansko ein, wird er sogleich von einem Schwarm tschechischer Grenzsoldaten umzingelt, die ihn von allen möglichen und unmöglichen Seiten untersuchen. Daß Soldaten in erdbraunem Drillich und Schiffchenmützen auf dem kurzgeschorenen Haar mit Stablampen der Längsrichtung nach unter der stehenden Garnitur durchkriechen und verräterische Stiefeltritte auf dem Dach Ähnliches vermuten lassen, gehört zum selbstverständlichen Ton „gutnachbarlicher" Beziehungen. Auch Hundeführer mit auf den Mann dressierten

Schäferhunden dürfen in diesem Szenario nicht fehlen. Kohletransporte aus Polen werden am Kontrollposten Pohansko auf besonders originelle Weise in Augenschein genommen. Um herauszufinden, ob sich inmitten der Kohlenhalden vielleicht doch illegales Schmuggelgut befinden könnte, stochern die Grenzer mit langen Metallstangen in der Kohle.

Wie österreichische Lokführer berichten, muß die Arbeitsmoral der tschechoslowakischen Grenzer als äußerst hoch bewundert werden. So geschah es etwa, daß ein Kohlenzug, von Lundenburg/Břeclav kommend, just während eines heftigen Sommergewitters am Kontrollposten Pohansko eintraf. Es schüttete, blitzte und donnerte – die Grenzsoldaten schwangen trotzdem ihre – natürlich nicht geerdeten – Metallsonden und untersuchten den Zug mit unverminderter Akribie.

Verzwickte politische Situationen bekam die Nordbahn nicht nur wegen des Eisernen Vorhanges zu spüren. Auch die Spannungen im Nahen Osten warfen ihre Schatten auf die Geleise. Der „Chopin“ mit seinem Kurswagen aus Moskau war lange Zeit die einzige Möglichkeit für auswanderungswillige Juden, aus der Sowjetunion über Österreich ins Gelobte Land zu gelangen. Zwischenstop machten sie in Österreich im Lager Schönau. Nach einem Überfall arabischer Terroristen auf dieses Lager anfangs der siebziger Jahre wurde allen Verantwortlichen bewußt, welch heiße Fracht der „Chopin“ jeden Morgen mit sich führte. Seit dieser Zeit stand im Bahnhof Hohenau eine Sondereinheit der Gendarmerie zur Terrorbekämpfung bereit, um den Zug wohlbehalten nach Wien zu geleiten. Auf dem Ostbahnhof wurden die Gendarmen dann von ihren Polizeikollegen aus Wien abgelöst. Seit sich der Verkehr Wien – Sowjetunion von der Nordbahn (der „Chopin“ führt nur mehr im Sommerfahrplan Kurswagen nach Moskau) auf den Marchegger Flügel verlagert hat, konnte man auch im Grenzbahnhof Marchegg ein martialisches Schauspiel beobachten. „Militarisierte“ Gendarmerie im Kampfanzug, mit rotem Barett und Maschinenpistolen, erwartete den Moskauer Schlafwagen, der einem Personenzug aus Bratislava/Preßburg beigegeben wird.

Wer glaubt, daß jeder diensttuende Lokführer der Zugförderungsleitung Wien Nord und der Personaleinsatzstelle Hohenau nach Břeclav/Lundenburg fahren darf, irrt. Für diese ehrenvolle Aufgabe muß eine gesonderte Bewilligung seitens der

An der Staatsgrenze im Morgengrauen:
Zwei-System-Lok 1063.006 mit dem Chopin-Expreß (Juli 1986)

tschechoslowakischen Behörden und des österreichischen Innenministeriums in Gestalt eines Grenzübertrittsausweises eingeholt werden. Wird dieser Ausweis für zusätzliches Lok- und Begleitpersonal beantragt, dauert die Bewilligung oft Monate. Seit der durchgehenden Elektrifizierung der Nordbahn im Juni 1986 pendeln zwischen Hohenau und Břeclav fast ausnahmslos Loks der Reihe 1063; bis dahin waren Diesellokomotiven der Reihe 2050 vor Güterzügen und die Reihe 2143 im Reisezugsdienst eingesetzt. Da die ČSD ein anderes Stromsystem benützt, bildet der Kilometerstein 78 auch in der Fahrleitung eine Grenze. Die 1063er können als Zwei-System-Loks als einzige österreichische Loktypen diese Hürden nehmen.

Etwas anders sieht die Sache am Grenzübergang bei Marchegg aus. Denn dort sind es die ČSD, die den Betrieb zwischen dem slowakischen Grenzbahnhof Devinska Nová Ves und Marchegg führen. Hier müssen sich zwar nicht die österreichischen Lokführer mit Sonderausweisen herumquälen, dafür aber der Bahnhofsvorstand mit tschechischen Vorschriften. Denn das noch in Österreich liegende Schienenstück bis zur

Grenze in der Mitte der Marchbrücke wird nach ČSD-Spielregeln befahren; und die Meldungen, die von Devinska Nová Ves einlangen oder dorthin durchgegeben werden, sind in tschechischer Sprache abgefaßt. Viel zu reden hat man ohnedies nicht, zumal täglich nur vierzehn Züge die Marchbücke überqueren.

In Hohenau ist man wiederum dieses Problems enthoben: Hier müssen die ČSD-Verantwortlichen in Břeclav bei Bedarf Nachhilfe in Deutsch nehmen.

Weder am Grenzübergang bei Bernhardsthal noch an der Marchbrücke sind Grenzbefestigungen zu bemerken. Bei Bernhardsthal weist lediglich eine Tafel mit dem tschechoslowakischen Hoheitssymbol bei Kilometer 77.99 auf den Umstand hin, daß der Zug von nun an statt demokratischer volksdemokratische Schienen unter den Rädern hat, und dezentes Hundegebell von drüben läßt ahnen, daß sich in unmittelbarer Nähe der Grenze Soldaten auf „Friedenswacht" befinden. Ganz trauen allerdings wohl auch die Österreicher dem Frieden nicht, denn sowohl hinter dem Bahnhof Angern auf der Hauptstrecke als auch knapp vor der Marchbrücke bei Marchegg kann der aufmerksame Zugreisende Panzersperren im Dikkicht neben der Strecke liegen sehen.

Die Grenze selbst schaut täuschend friedlich aus, Drahtverhaue, Minenfelder und Wachtürme befinden sich, wenn es die Topographie zuläßt, ein bis zwei Kilometer hinter dem Grenzverlauf. Was allerdings nicht ausschließt, daß Flüchtlinge oder auch österreichische Staatsbürger manchmal noch auf österreichischem Territorium entweder erschossen oder zumindest molestiert werden.

Besonderen Humor bewies die österreichische Bundesstraßenverwaltung im Umgang mit der Grenze bei Bernhardsthal, wo es bekanntlich nur einen Bahn-, nicht aber einen Straßenübergang in die ČSSR gibt. Die Bundesstraße 49 verengt sich rund einen Kilometer vor der Staatsgrenze beim ehemaligen Zollhaus zu einem staubigen Fahrweg. An jener Stelle, wo er sich im unwegsamen Grenzgestrüpp verliert, prangt zu beiden Seiten des Weges das Verkehrszeichen „Ende der Vorrangstraße".

Die Tatsache, daß die Nordbahnstrecke mit Beginn des Winterfahrplanes 1977 über den Schnellbahnbereich hinaus bis Bernhardsthal und per 1. Juni 1986 sogar bis Lundenburg

Bürokratischer Scherz an der toten Grenze: Ende der Vorrangstraße!

elektrifiziert wurde, ist sicher nicht auf die Entwicklung des grenzüberschreitenden Personenverkehrs zurückzuführen. Dieser ist zur Zeit noch immer genauso spärlich wie in den fünfziger Jahren. Zu größerem Optimismus gibt seit Jahren der Güterverkehr Anlaß. Ursprünglich hatte man noch erwogen, ab Gänserndorf bis zur Staatsgrenze ein Streckengleis abzutragen. Der zunehmende Ost-West-Handel hat auch das Frachtaufkommen auf der Nordbahn spürbar belebt. Im Durchschnitt passieren pro Tag zwanzig Güterzüge die Grenze bei Bernhardsthal. Der Reisezugverkehr wirkt hingegen nachgerade peinlich: Beide Fahrtrichtungen zusammengenommen passieren die Grenze zwischen Bernhardsthal und Břeclav zwei Schnellzüge, drei Regionalzüge und ein Dienstzug. Die Bezeichnung Schnellzug ist für den D 202/203 „Chopin" allerdings der reinste Euphemismus: Für die Entfernung von 698 Kilometern benötigt er immerhin 13 Stunden und 29 Minuten, was einer durchschnittlichen Reisegeschwindigkeit von 51,8 Kilometern je Stunde entspricht. Damit ist er nur unwesentlich schneller als die Schnellbahn zwischen Gänserndorf und Liesing. Die bringt es, obwohl sie auf der 47 Kilometer langen Strecke zwanzigmal hält, auf eine Reisegeschwindigkeit von 44,8 Kilometern. Der Geschwindigkeitsunterschied zwischen „Chopin" und Schnellbahn beträgt somit vernachlässigbare sieben Stundenkilometer.

Dabei wären gerade auf dem österreichischen Streckenabschnitt der Nordbahn partiell erhebliche Geschwindigkeitsreserven vorhanden: Obwohl die Streckenhöchstgeschwindigkeit der Nordbahn im allgemeinen nur 120 Kilometer pro Stunde beträgt, sind seit Ende 1981 im Streckenabschnitt zwischen den Bahnhöfen Angern und Drösing theoretisch 220 Stundenkilometer herauszuholen. Dieser Abschnitt wurde zur neuen Hochgeschwindigkeitsversuchsstrecke der ÖBB ausgebaut, nachdem man den bisherigen Versuchsabschnitt zwischen Wiener Neustadt und Neunkirchen wegen der Streckenneigung von sieben Prozent und wegen häufig auftretender Seitenwinde als nicht günstig erkannt hatte. Die höchste Geschwindigkeit, die eine österreichische Lokomotive zur Zeit erreichen kann, sind knapp 180 Stundenkilometer, die bei der Reihe 1044 gemessen wurden. Die höchste Geschwindigkeit, die je ein Zug auf österreichischen Gleisen erreichte, betrug 234,4 Stundenkilometer. Für diesen Schnellfahrversuch mußten sich die ÖBB allerdings eine Lokomotive der DB, nämlich die Prototypenmaschine 120 001, ausleihen, die am 25. Oktober 1984 zwischen Angern und Drösing diese Rekordfahrt hinlegte. Das würde aber dem „Chopin", der die meiste Zeit bei Grenzaufenthalten verbringt, auch nichts nützen.

Um das Kapitel „Chopin" auf versöhnliche Weise zu beenden, sei abschließend von einem Vorfall berichtet, der sich noch zu jener Zeit zutrug, als der D 202/203 auch im Winter Kurswagen aus Moskau mitführte, am 14. Dezember 1979 um 8.55 Uhr am Wiener Südbahnhof, Ostseite: „Eine russische Emigrantin konnte aufgrund ihrer Leibesfülle den Schlafwagen Moskau – Wien beim Wagenausstieg nicht mehr verlassen. Die Reisende wurde unter Assistenz der Feuerwehr der Stadt Wien (2 Fahrzeuge und 20 Mann) nach Entfernen eines Seitenfensters und unter Zuhilfenahme eines Hubstaplers aus dem Wagen gehoben. Der Einsatz war um 12.10 Uhr beendet. Das Geheimnis, wie die Reisende in Moskau noch in den Schlafwagen ein-, in Wien jedoch aus diesem nicht mehr aussteigen konnte, wurde leider nicht gelüftet.“[68]

Möglicherweise war die Dame wegen der langen Fahrzeit einfach „ang'fressen“. Und wäre die Reisezugfolge auf der Nordbahn wesentlich dichter, hätte die Feuerwehr der korpulenten Dame aus Moskau wahrscheinlich nicht ein so langdauerndes persönliches Service bieten können.

Umgekehrt muß man auch zugeben, daß der gute alte Rothschild wegen ein paar aus den Weiten Rußlands angereister wohlbeleibter Damen seine Nordbahn heute sicher nicht mehr um sein eigenes Geld bauen lassen würde. Er wäre jetzt sicher gleich für die Verstaatlichung.

Karl Ritter von Ghega, der beim Bau der KFNB seine Sporen als erfolgreicher Eisenbahningenieur verdiente, tat 1851 den Ausspruch, daß durch die Eisenbahnen die Distanzen verschwinden, die materiellen Interessen gefördert sowie die Kultur gehoben und verbreitet würden. Gerade die wechselvolle Geschichte unserer Nordbahn zeiht leider Ghegas Ansicht zumindest teilweise der Naivität. Technische und topographische Hindernisse hat die Bahn im Laufe ihrer Geschichte souverän überwunden. An den politischen Widrigkeiten aber ist sie bisher gescheitert.

„Haltestelle unbesetzt“ in Bernhardsthal:
Schläfriger Endpunkt der österreichischen Nordbahn (August 1984)

Anmerkungen

1 Strach, Hermann (Hg.): Geschichte der Eisenbahnen der österreichisch-ungarischen Monarchie, 6 Bände, Wien 1898–1908; Band I/1, S. 87 f.
2 Kupka, Peter Friedrich: Die Eisenbahnen Österreich-Ungarns 1822–1967, Leipzig 1888; S. 12
3 Ebenda, S. 17
4 Nenning, Günther: Erzherzog Johann, Wien 1984; S. 110 f.
5 Kupka, a. a. O., S. 31
6 Ebenda
7 Frischler, Kurt: Das große österreichische Eisenbahnbuch, Wien-München 1979; S. 10
8 profil 41/1985, S. 18
9 Strach, a. a. O., Band I/1, S. 133
10 Feiler, Karl: Aus dem Reich der Schiene, Wien 1948; S. 71 f.
11 Strach, a. a. O., Band I/1, S. 133 f.; Kupka, a. a. O., S. 31 f.
12 Stopsl, Paul: Die Kaiser-Ferdinands-Nordbahn zwischen Wien und Brünn, als ein Theil der Wien-Bochnia-Bahn, und deren Ausführung und Betrieb in den Jahren 1836–1839, Wien 1840; S. 6 f.
13 Kupka, a. a. O., S. 40
14 Feiler, a. a. O., S. 74
15 Ebenda, S. 74 f.
16 Wiener Allgemeine Theaterzeitung, Nr. 235 vom 25. 11. 1837
17 Strach, a. a. O., Band I/1, S. 154
18 Feiler, a. a. O., S. 76
19 Kupka, a. a. O., S. 41
20 Strach, a. a. O., Band III, S. 130
21 Ebenda, Band II, S. 328
22 Feiler, a. a. O., S. 77
23 Ebenda
24 Ebenda, S. 77 f.
25 Strach, a. a. O., Band I/1, S. 157
26 Niel, Alfred: Carl Ritter von Ghega, Wien 1977; S. 17
27 Niel, Alfred: Wiener Eisenbahnvergnügen, Wien 1982; S. 32
28 Stopsl, a. a. O., S. 41

29 Niel, Ghega, a. a. O., S. 17
30 Horn, Alfred: Die Kaiser-Ferdinands-Nordbahn (= Die Bahnen Österreich-Ungarns, Band 2), Wien 1971; S. 394
31 Ebenda, S. 396
32 Feiler, a. a. O., S. 80
33 Beschreibender Katalog des k. k. historischen Museums der österreichischen Eisenbahnen, Wien 1902; S. 48
34 Strach, a. a. O., Band I/1, S. 186
35 Ebenda
36 Ebenda, S. 198
37 Kupka, a. a. O., S. 45
38 Strach, a. a. O., Band I/1, S. 201
39 Kupka, a. a. O., S. 168
40 Strach, a. a. O., Band I/1, S. 188
41 Ebenda
42 Kupka, a. a. O., S. 167
43 Horn, Die Kaiser-Ferdinands-Nordbahn, a. a. O., S. 26
44 Strach, a. a. O., Band III, S. 9 f.
45 Ebenda
46 80 Jahre Gewerkschaft der Eisenbahner, Wien 1972; S. 155
47 Czedik, Aloys Freiherr von: Der Weg von und zu den Österreichischen Staatsbahnen 1824–1854/1858; 1892–1910. 3 Bände, Teschen-Wien-Leipzig 1913; Band I, S. 424
48 Ebenda, S. 434
49 Ebenda, S. 443
50 Horn, Die Kaiser-Ferdinands-Nordbahn, a. a. O., S. 410
51 Czedik, a. a. O., Band I, S. 451
52 Horn, Die Kaiser-Ferdinands-Nordbahn, a. a. O., S. 428
53 Smoleń, Kazimierz: Auschwitz 1940–1945. Ein Gang durch das Museum, Katowice 1981; S. 26 f.
54 Horn, Die Kaiser-Ferdinands-Nordbahn, a. a. O., S. 465 ff.
55 Ebenda, S. 455 ff.
56 Ebenda, S. 424
57 Koranda, Alfred: Die Geschichte eines Heizhauses. In: Eisenbahn 4, 1984, S. 61 ff.
58 Findeis, Robert: Die Wiener Eisenbahnverkehrs-Anlagen, Wien 1945; S. 11
59 Ebenda, S. 2
60 Ebenda, S. 11 f.
61 Zitiert nach: Die Wiener Schnellbahn und ihre Fahrzeuge, Wien 1972; S. 8
62 Ebenda, S. 113
63 Vgl. Horn, Die Kaiser-Ferdinands-Nordbahn, a. a. O., S. 430
64 Vgl. Findeis, a. a. O., S. 17

65 Vgl. Keller, Kurt: Die Einbeziehung der Stadtbahn in ein Wiener Schnellbahnnetz, techn. Diss., Wien 1955; S. 5
66 Horn, Alfred: Der schnelle Karl, Wien 1983; S. 120
67 Ebenda, S. 24
68 Ebenda, S. 119

Bildnachweis

80 Jahre Gewerkschaft der Eisenbahner, Wien 1972: 44
Die ersten fünfzig Jahre der Kaiser-Ferdinands-Nordbahn, 1836–1886: 42
Dokumentationsarchiv des österreichischen Widerstandes, Wien: 135
Geschichte der Eisenbahnen der österreichisch-ungarischen Monarchie, Wien 1898–1908: 8, 11, 14, 15, 19, 20, 28, 49, 52, 55, 56, 59, 62, 63, 70, 76, 79, 116
Internationale Schlafwagen- und Touristik-Gesellschaft (ISTG), Wien: 111
Österreichische Bundesbahnen/Lichtbildstelle, Wien: 113
Österreichisches Staatsarchiv/Kriegsarchiv – Kartensammlung, Wien: Vor- und Nachsatz
Österreichisches Staatsarchiv/Verkehrsarchiv, Wien: 30
Sammlung Konrad Pfeiffer, Wien: 33, 45, 57, 65, 71, 72, 75, 83, 95, 118, 127, 139, 145, 152, 159
Csaba Székely, Kritzendorf: 100, 123, 143, 147, 156/157, 161, 164, 167, 171
Manfred Tuschel, Wien: 97, 104, 107, 125, 129, 131, 169, 173

Literaturverzeichnis

80 Jahre Gewerkschaft der Eisenbahner, Wien 1972

Czedik, Aloys Freiherr von: Der Weg von und zu den Österreichischen Staatsbahnen 1824–1854/1958; 1882–1910. 3 Bände, Teschen-Wien-Leipzig 1913

Die ersten fünfzig Jahre der Kaiser-Ferdinands-Nordbahn 1836–1886, o. O., o. J.

Feiler, Karl: Die alte Schienenstraße Budweis–Gmunden, Wien 1952

Feiler, Karl; Aus dem Reich der Schiene, Wien 1948

Findeis, Robert: Die Wiener Eisenbahnverkehrs-Anlagen, Wien 1945

Frischler, Kurt: Das große österreichische Eisenbahnbuch, Wien-München 1979

Heinersdorff, Richard: Die k. u. k. privilegierten Eisenbahnen der Österreichisch-Ungarischen Monarchie 1828–1918, Wien-München 1975

Hinkel, Raimund und Sykora, Bruno: Heimat Floridsdorf, Wien 1977

Hofbauer, Edmund: Die ersten österreichischen Eisenbahnplanungen, ihre volkswirtschaftlichen Grundlagen und verkehrspolitischen Auswirkungen, Wien 1952

Hofbauer, Edmund: Die österreichischen Eisenbahnen 1837–1937, Wien 1937

Horn, Alfred: Die Kaiser-Ferdinands-Nordbahn (= Die Bahnen Österreich-Ungarns, Band 2), Wien 1971

Horn, Alfred: Der schnelle Karl, Wien 1983

Horn, Alfred (Hg.): ÖBB-Handbuch 1985, Wien 1985

Beschreibender Katalog des k. k. historischen Museums der österreichischen Eisenbahnen, Wien 1902

Keller, Kurt: Die Einbeziehung der Stadtbahn in ein Wiener Schnellbahnnetz, techn. Diss., Wien 1955

Koranda, Alfred: Die Geschichte eines Heizhauses. In: Eisenbahn 4, 1984, S. 61 ff.

Kubinszky, K.: Die Architekturgeschichte der großen Wiener Bahnhöfe. In: Eisenbahn 12, 1983, S. 221 ff.

Kupka, Peter Friedrich: Die Eisenbahnen Österreich-Ungarns 1822–1867, Leipzig 1888

Mayer Theodor Heinrich: Wie Österreich seine Bahnen baute, Wien 1934

Nenning, Günther: Erzherzog Johann, Graz 1984
Niel, Alfred: Illustrierte Eisenbahn-Lektüre, St. Pölten 1979
Niel, Alfred: Wiener Eisenbahnvergnügen, Wien 1982
Niel, Alfred: Carl Ritter von Ghega, Wien 1977
profil Nr. 41, Wien 1985
Rotter, Richard: Die elektrischen Triebfahrzeuge der ÖBB, Wien 1980
Slezak, Josef Otto: Die Lokomotiven der Republik Österreich, Wien 1970–1973
Smoleń, Kazimierz: Auschwitz 1940–1945. Ein Gang durch das Museum, Katowice 1981
Stockert, Ludwig von: Eisenbahnunfälle. 2 Bände, Wien 1913
Stockert, Ludwig von: Eisenbahnunfälle (Neue Folge). 2 Bände, Wien 1920
Stopsl, Paul: Die Kaiser-Ferdinands-Nordbahn zwischen Wien und Brünn, als ein Theil der Wien-Bochnia-Bahn, und deren Ausführung und Betrieb in den Jahren 1836–1839, Wien 1840
Strach, Hermann (Hg.): Geschichte der Eisenbahnen der österreichisch-ungarischen Monarchie. 6 Bände, Wien 1898–1908
Székely, Csaba und Manfred Tuschel: 1 x Semmering und retour. Bahnplaudereien, Wien 1984.
Wiener Allgemeine Theaterzeitung, Nr. 235 vom 25. 11. 1837
Die Wiener Schnellbahn und ihre Fahrzeuge, Wien 1976
Zöllner, Erich: Geschichte Österreichs von den Anfängen bis zur Gegenwart, 5. Aufl., Wien 1974

Zeitschriften und periodische Druckwerke

„Eisenbahn“, „ÖBB-Journal“, „Schienenverkehr aktuell“
„Der Conducteur“ (Fahrpläne), „Amtliches Kursbuch der ÖBB“, „Buchfahrplan der ÖBB“

Personenregister

Baillie, John 43,45
Bäuerle, Adolf 51
Benedek, Ludwig von 103
Biedermann, Samuel 21, 31
Blum, V. 51
Brenner, Edmund 149
Bretschneider, Franz von 36
Bruck, Karl Ludwig Ritter von 94

Clemenceau, Georges 126
Cockerill, John 45

D'Elvert, B. 120

Engels, Friedrich 137
Eskeles, Bernhard Freiherr von 31

Felder, Cajetan Freiherr von 68, 70
Ferdinand I., Kaiser von Österreich 24, 28, 32
Findeis, Robert 150 f., 155
Francesconi, Hermenegild von 36, 38
Franz I. (II.), Kaiser von Österreich 22 f., 28
Franz Joseph I., Kaiser von Österreich 49, 104

Gerstner, Franz Anton von 9 f., 12 ff.
Gerstner, Franz Josef von 9
Geymüller, Johann Freiherr von 10, 31 f., 34
Ghega, Karl Ritter von 17, 36, 65 f., 78, 108, 173
Grillparzer, Franz 24, 68 f., 73
Grois, Louis 51
Groß 26

Hackworth, Timothy 41
Hitler, Adolf 133, 146
Hoffmann, Theodor 61
Hölzel, Nikolaus 51
Höss, Rudolf 135
Hummel, Carl 86

Johann, Erzherzog von Österreich 17
Jones, Turner & Evans 41, 43
Jüngling, Anton 59

Karl, Erzherzog von Österreich 50
Keller, Kurt 155 ff.
Klein 38, 64 f.
Kolowrat-Liebsteinsky, Franz Anton Graf 28 f.
Kossuth, Lajos 87
Kraus, Karl 134
Kübeck, Karl Friedrich Freiherr von Kübau 84 f.
Kudriaffsky, Johann von 36

Lanner, Josef 51
Larisch, Heinrich Graf 31
Latour, Theodor Graf von Baillet 88 f.
Lohner, Chris 160
Longridge, Starbuck & Co. 41
Ludwig, Erzherzog von Österreich 28
Lueger, Karl 117, 150

Maria Carolina, Erzherzogin von Österreich 50
Marquart 45
Marx, Karl 137
Mayer, Johann 10
Mayr, Hans 150

Metternich, Klemens Wenzel Lothar Fürst 23, 28, 68, 76, 84
Mittrowsky, Anton Friedrich Graf von Mittrowitz und Nemischl 29

Napoleon I. (Bonaparte), Kaiser der Franzosen 23, 50
Negrelli, Alois Ritter von Moldelbe 78
Nestroy, Johann 51
Norris, William 45, 79

Papousek, Hubert 160
Pereira 98

Rennie, George & John 41
Reinscher 26
Riepl, Franz Xaver 15 ff., 25 ff., 33 ff., 41, 82, 94
Rothschild, Samuel Meyer Freiherr von 21, 24 ff., 34, 36, 82, 85, 98, 117, 173
Rudolf, Erzherzog von Österreich, Kardinal-Fürsterzbischof von Olmütz 16

Saurau, Graf 17
Schaffgotsch, Anton Graf 80
Schönerer, Georg (Ritter von) 117
Schönerer, Mathias Ritter von 13 f., 27, 117
Sharp & Roberts 41
Sichrovsky, Heinrich 26 f., 31
Sina, Simon Georg Freiherr von 10, 31, 82
Stephenson, George 7, 13, 22, 39
Stephenson, Robert 22, 41 ff., 48
Strauß, Johann (Vater) 51
Suchanek, Herbert 160
Sybold, I. F. 9

Taaffe, Eduard Graf 117
Talachini, Felice 64 ff.
Talatzko, Freiherr von 67
Tayleur & Co. 41
Thomas, Eduard 45

Ueberlacher 54

Voigtländer, Johann Friedrich 27

Waldbrunner, Karl 153, 155
Wangler, Franz 89
Weidmann, Franz Carl 51
Weißenberger, Ignaz 56
Wertheimstein, Leopold Edler von 21, 31
Wickenburg, Matthias Konstantin Capello Graf von 99
Wilhelm, Erzherzog von Österreich 50
Williams, John 67 f.

Stammersdorf
Strebersdorf
Stockerauer Flügelbahn
Gr. Jedlersdorf
Jedlersee
Leopoldau
Eipeldau
Jedlersdorf
Florisdorf A. St.
Tabor in der Au
Zweibrücken Au
DONAU STROM
Kagran
Gr. Gänse Haufen
Tabor Haufen
Brigitten Au
Schütt Au
Kaiser M.
Stadlau
Schwimmschule
Ob. Prater
Bahnhof
Feuerwerk Platz
Kaffehaus
Neue Haufen Unt.
Schirling Grund
Bieber Haufen
Nussdorf
Grinzing
Heiligenstadt
Sievering
Döbling
Gerstlhof
Neuwaldegg
Dornbach
Türkenschanze
Weinhaus
Währing
Herrnals
Ottakring
Neulerchenfeld
WIEN
Auf der Schmelz
Rustendorf
Penzing
Sophien Br.
Krieg Au
Neustadter Wasser
Wiener Wasser
Unt. Prater
Lusthaus
Freudenau
Kleine Prater
Bahnhof
Arsenal
Wien Brucker Eisenbahn
Wilhelmsdorf
Gaudenzdorf
Meidling
Neudörfel
3 Häusel
Simmering
Ravelin
Schiffbarer Canal
Neugebäu
Wiener B.
Landgut
Altmannsdorf
Hetzendorf
Eisenbahn
Glocknitzer
Springer M.
Lainz B.
Neustift
Inzersdorf
Atzersdorf